치매·중풍·고혈압·불면증·심근경색 약 21가지를 끊었다

상금 300만원

초고속전뇌학습법 배워 1년에 책 1,800권 읽고, 독후감
1,015권을 쓰는 과정에서 건강이 회복됐다.

저자 노 성복

세계전뇌학습아카데미 allbrain.co.kr 새로운문화사

머 리 말

저자는 평소에 건강하였기에 고혈압이나 치매에 대해서는 관심이 없었다. 그러나 평소에 병원에서 혈압을 재면 혈압이 좀 높다는 의사의 소견이 있어서 가끔은 걱정이 되었다.

퇴직 후 집에 있을 때 65세 이상은 보건소에서 치매 검사를 받으라고 연락이 와서 동작치매안심센터에 가서 치매 검사를 했더니 일반인에 비하여 인지기능 저하라는 결과를 받았다. 그리고 종합병원에 가서 검사를 받아 보라고 하여, 서울 성모병원에 가서 검사를 받았다.

성모병원에서는 보건소와 같이 기억력과 판단력이 현저히 떨어지는 인지기능 저하라는 치매의 초기 판단을 내렸다. 그리고 치매에 걸리면 치료가 불가능하니 치매에 걸리기 전에 약물 복용과 함께 운동을 꾸준히 하면서, 독서를 많이 하라고 조언을 하였다.

그래서 저자는 의사의 처방대로 책을 읽으려고 하였지만, 평소에 책을 읽는 것이 습관이 되어 있지 않아서 진도가 잘 나가지 않았다. 그러던 중 지인의 소개로 세계전뇌학습아카데미의 김용진 박사님을 만나게 되었다. 김용진 박사님은 인지기능 저하에 초고속학습법이 효과가 있으니 한번 해보라고 조언을 하셨다. 인지기능 저하에 대하여 걱정을 하고 있던 나는 하나의 해결책이 될 수 있다는 생각에 초고속학습법을 배우기 시작하였다.

저자는 2021년 1월 3일부터 초고속학습법을 통한 독서를 시작하여 490권의 책을 읽고 380권의 독후감을 쓰면서 모든 증상이 호전되는 것 같아 7월에 보건소에서 건강 검진을 받았는데, 고혈압이 정상이 되었고, 그 동안 괴롭혀 오던 불면증이 사라지고, 인지기능도 더 이상 진행되지 않았다는 기쁜 진단을 받았다.

이에 힘을 얻어 계속해서 책을 읽어 2021년 12월 30일까지 1,800권의 책을 읽고 1,015권의 독후감을 쓰면서 긍정적인 마인드로 새로운 가치관을 갖게 되며 손·자녀들과도 소통하게 되어 즐거운 인생을 살게 되었다. 더욱이 세계전뇌학습아카데미에서 책을 많이 읽고 독후감을 썼다고 독후감대상과 상금을 300만원을 받았다. 이러한 독서와 독후감쓰기를 통해 건강을 찾은 것을 여러 사람들에게 알리고 싶어 이 책을 쓰게 되었다.

부디 이 책을 통하여 나와 같은 어려움에 있는 분들에게 도움이 되어, 건강하고 행복한 세상이 되기를 바란다.

저자 노 성복

목 차

머리말 ·· 3

목 차 ·· 5

제1장 초기 치매 치료 체험기 ································ 11

　1. 어려웠던 어린 시절 ································· 13

　2. 인지기능 저하 진단을 받다 ····················· 14

　3. 치매는 치료가 불가능하다 ······················ 16

　4. 김용진 박사님과의 만남 ························· 18

　5. 전뇌 학습법을 배우다 ··························· 20

　6. 놀라운 효과를 가져 온 독서와 독후감 작성 23

　7. 상금을 받다 ······································ 26

　8. 상금 300만원을 받다 ··························· 28

제2장 치매란 무엇인가? ································· 31

　1. 치매의 개념 ······································· 33

　2. 치매의 현실 ······································· 35

　3. 치매로 인한 결과 ································· 36

　4. 치매의 조건 ······································· 39

　5. 치매의 원인 ······································· 40

　6. 치매 위험인자 ····································· 45

　7. 치매의 진행단계 ·································· 48

8. 치매와 비슷한 증상 ·············· 52

제3장 치매의 증상에 따른 인지능력 저하 ·············· 57
1. 치매로 인한 인지장애 ·············· 59
2. 기억력 저하 ·············· 61
3. 지남력 장애 ·············· 63
4. 언어능력 저하 ·············· 65
5. 시공간능력 저하 ·············· 67
6. 계산능력 저하 ·············· 68
7. 시각력 저하 ·············· 69
8. 판단력 저하 ·············· 70
9. 집중력 저하 ·············· 71
10. 실행능력 저하 ·············· 72
11. 정서적인 장애 ·············· 73

제4장 치매로 인한 장애 ·············· 75
1. 고혈압 ·············· 77
2. 당뇨병 ·············· 80
3. 부종 ·············· 82

제5장 뇌와 치매의 관계 ·············· 85
1. 뇌의 구조와 기능 ·············· 87
2. 전두엽 ·············· 91
3. 두정엽 ·············· 92

4. 측두엽 ······················ 93

5. 후두엽 ······················ 94

6. 변연계 ······················ 95

제6장 치매관련 제도 ···················· 97

1. 치매 국가책임제 ················ 99

2. 치매 노인 공공후견제 ············ 100

3. 노인 장기요양보험 제도 ·········· 102

4. 주간 보호소 ·················· 107

5. 단기보호시설 ················· 110

6. 노인 장기요양 ················ 113

7. 치매안심센터 ················· 115

8. 치매상담 콜센터 ··············· 117

제7장 치매예방을 위한 심리치료 ·········· 119

1. 미술치료 ···················· 121

2. 웃음치료 ···················· 125

3. 음악치료 ···················· 132

4. 독서치료 ···················· 137

5. 동물매개치료 ················· 139

6. 이야기치료 ·················· 142

7. 글쓰기치료 ·················· 144

8. 시치료 ····················· 146

9. 요리치료 ···················· 149

제8장 치매 예방과 관리를 위한 식습관 ······················ 153

1. 치매예방과 음식 ······························· 155
2. 치매예방을 위한 영양관리 ················ 158
3. 치매환자와 영양 공급 ······················ 160
4. 치매예방 식단 ································· 163
5. 치매예방에 좋은 지방과 비타민 ·········· 167
6. 치매예방에 좋은 음식 ······················ 169
7. 알츠하이머 치매에 좋은 음식 ············· 170
8. 혈관성 치매에 좋은 음식 ··················· 173

제9장 치매예방을 위한 운동요법 ······················ 175

1. 노화의 증상 ··································· 177
2. 치매예방을 위한 운동요법 ················ 182
3. 노인에게 필요한 체력 ······················ 184
4. 치매환자에게 좋은 유산소 운동 ·········· 187

제10장 전뇌 학습법 ······································· 191

1. 속독이란? ····································· 193
2. 속독의 필요성 ································· 195
3. 책자의 수는 과연 얼마나 될까? ············ 197
4. 현재까지의 독서방법 ······················ 198
5. 속독의 원리 ··································· 200
6. 속독과 시력과의 관계 ······················ 202

부록 ··· 203

  1. 독서록 1 ·· 205

  2. 독서록 2 ·· 206

  3. 독서록 3 ·· 207

  4. 독서록 4 ·· 208

  5. 독서록 5 ·· 209

  6. 독서록 6 ·· 210

  7. 독서록 7 ·· 211

  8. 독서록 8 ·· 212

  9. 독서록 9 ·· 213

  10. 독서록 10 ····································· 214

  11. 독서록 11 ····································· 215

  12. 독서록 12 ····································· 216

  13. 독서록 13 ····································· 217

  14. 독서록 14 ····································· 218

  15. 독서록 15 ····································· 219

  16. 독서록 16 ····································· 220

  17. 독서록 17 ····································· 221

  18. 독서록 18 ····································· 222

  19. 독서록 19 ····································· 233

  20. 독서록 20 ····································· 224

  21. 독서록 21 ····································· 225

참고 문헌 ·· 226

저자 소개 ·· 229

제1장
나의 치매 치료 체험기

01. 어려웠던 어린 시절

저자는 1945년에 유복한 가정에서 태어났다. 그러나 15세가 되던 1959년 9월 한반도에 막대한 피해를 입힌 태풍 사라호가 몰아쳤다. 중심 부근은 1분 평균 최대풍속 초속 85m, 평균 초속은 45m, 최저 기압은 952hPa을 기록하여, 그 당시에 기상관측 이래 가장 낮은 최저 기압이었다. 특히 경상도에 특히 큰 피해를 남겼다. 사망·실종 849명, 이재민 37만 3459명, 총 1,900억 원(1992년 화폐가치 기준)의 재산 피해가 발생하였다.

이때 우리 집도 큰 피해를 입어서 더 이상 살던 집에서 살 수가 없어서 서산에 있는 시장이 가까운 옥녀봉산으로 이사를 갔다. 아버지는 태풍으로 화병이 났지만, 생계를 위하여 어머니와 함께 시장에 나가 장사를 했다. 그러던 중 장사를 끝내고 귀가하시던 아버지께서 교통사고를 당하셨는데 서산에서는 치료가 안 된다고 하여 서울에 있는 성신병원에 입원해 1년을 고생하셨다. 아버지께서 병원에 입원해 있는 동안에 할아버지께서 돌아가셨다. 당시 집에는 할머니와 어린 동생 2명과 함께 있었는데 집에 남자 어른이 안 계셔서 서산에 사시는 큰 고모에게 연락하여 큰 고모부께서 같이 오셔서 어머니와 함께 할아버지 장례식을 하였다. 할아버지 장례를 마치고 동생들은 할머니와 살고 나는 인천의 외삼촌댁으로 가서 외삼촌과 같이 살게 되었다.

02. 인지기능 저하 진단을 받다

나는 창원에 있는 과학기술처 산하에 있던 한국전기연구소를 다니며, 열심히 회사 생활을 하였다. 그러다 IMF로 인해서 모든 기업이 어려워지고, 우리나라가 경제적으로 혼란을 겪게 되었다.

나는 20년 직장 생활을 그만두고 1999년에 55세로 명예퇴직을 하였다.

나는 명예퇴직을 하고 그동안 하지 못했던 여가생활을 하며 즐거운 시간을 보냈다. 나름대로 건강에 자신이 있어서 크게 아프지 않고 세월을 보냈다.

그러나 '세월 앞에는 장사가 없다.'는 말처럼 70세가 넘으면서 몸의 이곳저곳에서 노화 신호를 보내면서 신체 기능이 약해지고, 감각이 무뎌졌다. 그러던 와중에 각막에 이상이 생겨서 운전을 하다가 2번이나 접촉 사고를 내어 운전도 더 이상할 수가 없어 운전을 멈추었다.

퇴직 후 집에 있을 때 65세 이상은 보건소에서 치매 검사를 받으라고 연락이 와서 보건소에 가서 치매 검사를 했다. 담당 직원에게 현재의 기억력이 떨어지고, 건망증이 심해진 상황에 대해서 설명을 하니 우선 치매 검사를 받아 보자고 하였다.

치매 검사는 30문항으로 되어 있으며, 사고, 정서, 인지, 신체, 사회적 측면을 골고루 검사하였다. 검사가 끝난 후 치매 검사지를 받아 든 의사 선생님은 검사 결과를 분석하고 나서 내게 걱정스러운 듯이 말했다.

"아무래도 치매 초기 단계인 것 같은데 좀 더 큰 병원에 가서 치매 검사를 받아봐야 할 것 같다."고 말했다. 몸에 이상이 생긴 것을 알고 있었지만, 치매가 의심된다는 의사 선생님의 말을 듣고 충격을 받았다.

나는 담당 선생님의 조언대로 성모병원에 가서 신경과 의사와 상담을 했더니 병원에서도 치매 검사를 실시하였다. 결과는 치매 안심센터와 같이 치매 초기 단계라는 진단을 받았다.

의사는 치매를 치료하는 약은 없고 치매를 지연하는 약을 먹어야 한다고 약을 조제해 주어 그때부터 치매에 관련된 약과 중풍·고혈압·불면증·심근경색 약 21가지를 먹게 되었다.

03. 치매는 치료가 불가능하다

 병원의 검사 결과가 치매 초기 단계라는 진단을 받고 하늘이 무너지는 듯한 충격에 빠졌다. 설마 "치매는 아니겠지"라는 희망을 가졌지만, 나의 희망은 모든 것이 물거품처럼 되었다.

 나는 떨리는 가슴을 진정하고 의사에서 치매를 치료하는 방법이 어떤 것이 있냐고 물었지만, 의사는 "치매는 한번 시작되면 치료제는 없고 지연하는 약을 먹어야 한다. 그리고 꾸준히 인지훈련을 하면 치매를 지연시킬 수 있다."고 말하고 처방전을 써주었다.
 충격 속에서도 희망을 버리지 않고 치매를 치료할 수 있는 방법과 지연하는 방법을 알기 위해 시중에 있는 거의 모든 치매와 관련된 책들을 구매해서 읽었다. 그러나 모든 치매 관련 책에서도 치매는 한번 걸리면 치료가 불가능하고, 뇌를 활성화하는 약을 먹으면서, 치매예방에 좋은 견과류를 먹으면서 지속적으로 인지훈련을 하는 것이 가장 좋다는 내용뿐이었다.

 결국 나는 병원에서 처방한 치매를 지연하는 약을 꾸준히 복용하면서 치매예방에 좋은 견과류를 수시로 먹었다. 그리고 인지훈련에 좋은 방법들을 찾아 나섰다. 그러던 차에 지인이 인지훈련에 가장 좋은 것은 뇌를 자극하고 기억력을 높이는 활동이 좋다고 하였다.

뇌를 자극하고 기억력을 높이는 활동으로는 독서가 가장 좋다고 추천하면서 우리나라 전뇌학습법의 창시자인 김용진 박사님을 찾아가면 많은 도움을 받을 수 있다고 추천하였다.

　나는 김용진 박사님에 대해서 궁금증이 생겨 검색해보니 놀라운 분이었다. 김용진 박사님의 초고속전뇌학습법은 입소문으로 미국, 영국, 캐나다, 스페인, 일본, 중국, 필리핀에서도 배우러 오고 있으며 특히 북한에서는 김정은 위원장의 명에 의해 김일성대학은 물론 전교에서 가르치고 있다는 사실을 알고 김용진 박사님을 만나기로 결심하였다.

04. 김용진 박사님과의 만남

나는 김용진 박사님을 만나기 위해서 인터넷에 검색해보니 송파구 삼전동에서 세계전뇌학습이라는 아카데미를 운영하고 계신다는 사실을 알고, 바로 세계전뇌학습아카데미로 출발하였다.

세계전뇌학습아카데미에서 처음 만난 김 박사님은 사람 좋고 인자한 첫인상을 가지고 있었다. 나는 김 박사님에게 지금까지의 자초지종과 치매를 지연하는 방법을 알고 싶다고 의사를 전달했다.

김 박사님은 나의 이야기를 다 듣고 나더니 내게 "당연히 있지요. 지금까지 수많은 사람에게 적용해서 뇌를 활성화해서 학생들에게는 지능이 높아지거나 공부를 잘하게 되고, 뇌가 좋지 않은 사람이나 인지기능 저하인 치매 초기 단계에서 뇌기능을 활성화해서 인지기능 저하에 도움이 될 것이다."라는 말씀을 하셨다. 그러면서 "인지기능 저하에 가장 좋은 인지훈련법은 빨리 읽는 초고속독서법이며, 독서를 매일하고 읽은 책에 대해서 독후감을 작성하면 인지훈련과 같은 효과를 낸다."고 말씀하셨다.

나는 원래 독서를 좋아하지 않아서 평소에 책을 잡아본 적이 없었지만, 왠지 김 박사님의 말에 신뢰감이 갔으며, 특히 지금까지 세계전뇌학습법을 배운 학생들 중에서 놀라운 효과를 본 사례들을 보았으나 책을 전혀 읽지 않았던 나도 할 수 있을까 고민하였다.

선택을 망설이는 모습을 본 김 박사님은 나에게 "책을 읽어 본 경험이 없어도 지속적으로 읽다 보면 습관이 되고, 습관은 뇌의 기능에 활력을 주어 다시 예전처럼 정상적인 생활을 할 수 있다." 고 자신감을 불어넣어 주셨다.

나는 김용진 박사님의 확신에 찬 추천으로 인해서 자신감을 갖고 "나도 남들처럼 치매를 고칠 수 있다."는 생각에 본격적으로 독서를 시작하겠다고 말했다.

05. 전뇌학습법을 배우다

나는 김용진 박사님께 전뇌학습을 배우기로 결심하였다. 전뇌학습법이라는 뇌를 깨우는 방법은 김용진 박사님께서 1968~1979년에 10~100배 빠른 초고속정독법 개발을 시작으로, 1979~1989년 11년간 연구 끝에 개발한 프로그램이다.

김용진 박사님의 전뇌학습법은 교육심리학, 인지발달, 대뇌·생리학, 안과의학 등 여러 영역의 실험 연구 결과, 학생들의 성적을 향상시키는 독창적인 초고속전뇌학습법을 세계 최초로 완성시켜 장영실과학상을 수상하기도 하였다.

전뇌학습법은 1단계에서 3단계로 구성되어 있다. 1단계는 초고속 정독을 위한 과정으로 집중력을 길러줘 기억력, 사고력, 어휘력 등을 향상시켜 주며 독서 능력은 10배 이상 향상된다.

2단계는 영어 단어, 한자, 교과서 및 전공 서적 암기 7, 5, 3원칙 등 암기법이며, 3단계인 응용 단계에서는 교과서 및 전공서적 요점 정리 7원칙, 전뇌 이미지기억법 7원칙 등을 통해 보다 효과적이고 체계적인 자기주도 학습을 도와준다. 전뇌학습법은 5일에서 10일 안에 전 과정을 마스터할 수 있다.

나는 김 박사님께 전뇌학습법을 배우면서 독서를 습관화하기 시작했다. 그래서 김 박사님의 세계전뇌학습아카데미를 가는 시간을 제외하고는 모든 시간을 도서관에서 책을 빌려 독서하는 데 투자하였다. 처음에는 습관이 되어 있지 않아서 독서는 매우 힘들었다. 평소에 책을 읽어 보지도 않았던 내가 책을 읽는 다는 것은 매우 힘들었다.

눈이 잘 보이지 않는데 글자를 읽으려다 보니 너무 눈이 아파서 눈물이 났다. 그리고 책을 읽기 위해서 앉아 있는 것도 너무 힘들었다. 나는 몸이 아파서 더 이상 할 수 없다고 중간에 포기하였다. 갑자기 내가 나타나지 않자 김용진 박사님은 내게 전화해서 나를 격려하며 다시 할 수 있도록 도와 주셨다.

"지금은 처음이라 아직 습관이 안 되어서 너무 힘들겠지만 조금 지나서 습관이 되면 점점 나아지니 중간에 포기 하지 마세요."라고 하셨다. 나는 김용진 박사님의 말씀을 듣고 다시 아카데미를 나갔다.

그러나 아픈 몸을 이끌고 다니는 것이 너무 힘들어서 나는 또 중간에 포기하였다. 또 김용진 박사님은 내게 전화를 해서 친절하게 포기하지 말고 다시 아카데미로 나오기를 권하였다. 그래서 나는 김용진 박사님의 격려 덕분에 다시 아카데미를 나가게 되었다.

그렇게 나는 아카데미를 다니다 2번이나 중도에 포기했지만, 그때마다 김용진 박사님은 나를 다시 아카데미에 나오도록 권면

하셨다. 그래서 결국 나는 아카데미를 지속적으로 다닐 수 있게 되었다. 나는 지금도 이러한 김용진 박사님의 격려와 응원에 감사한 마음을 가지고 있다.

아카데미에 나와서 매일 책을 읽다 보니 시간이 갈수록 독서에 속도가 붙고, 자연스럽게 속독법에 익숙해져 갔다. 그러면서 많은 책을 읽게 되었다.

처음 독서할 때는 책 1권을 읽는데 일주일 정도 걸리던 것이, 독서를 할수록 시간이 빨라져, 책 1권을 읽는데 6일, 5일, 4일, 3일, 2일로 줄어들고, 지금은 하루에 책 1권을 읽게 되었고, 그것도 점점 빨라져서 하루에 5권도 읽을 수 있게 되었다.

06. 놀라운 효과를 가져 온 독서와 독후감 작성

책을 읽는 시간이 빨라지기 시작하자 김용진 박사님은 내게 이제부터는 책을 읽고 나서 "독후감을 쓰면 치매 치료에 더욱 효과가 있으니 책을 읽고 독후감을 써보라."고 조언하셨다. 그래서 이후부터는 책을 읽고 나서 독후감을 쓰기 시작하였다.

나는 전뇌학습법을 배우서 나서 책을 읽기 시작한 것이 2021년 1월 3일부터 2021년 6월 13일까지 약 150일 동안 읽은 책은 490권이었고, 그동안 손으로 직접 작성한 독후감은 380권이었다. 이는 하루에 3~4권꼴로 책을 읽은 것이고, 하루에 독후감을 2~3권꼴로 쓴 것이다.

나는 독서를 하고 독후감을 쓰기 위하여 매일 5시에 일어나서 약을 먹고 운동을 하면서 독후감을 쓰다 보니까 1년이 지나면서 점차 약이 줄기 시작하였다.

책을 읽고 독후감을 쓴 것은 내가 한 일이었지만 그동안의 독서량과 독후감의 양을 보고 내 자신도 놀랐다. 주변의 사람들은 놀라운 독서량과 독후감의 양을 보고 입을 다물지 못했다.

독후감이 380권이 되다 보니 김용진 박사님은 내게 이것을 책으로 엮어 보자고 하셨다. 그래서 아래와 같은 책을 엮게 되었다.

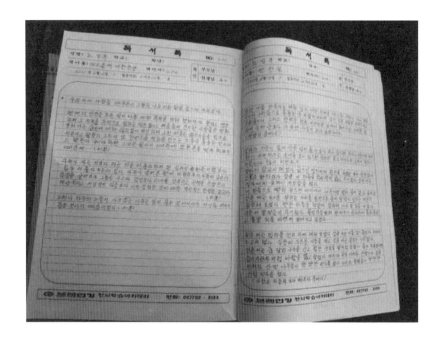

그런데 더욱 놀라운 것은 독서와 독후감을 쓰는 동안 나의 몸에도 변화가 찾아오기 시작했다. 그것은 예전처럼 기억력이 돌아오고 건망증이 사라진 것이다. 그리고 더욱 놀라운 것은 손이 떨려서 일상생활을 하기 어려웠는데 지금은 거의 정상으로 돌아왔다는 것이다.

07. 상금을 받다

나는 독후감을 쓰면서 모든 기능이 나아지자 나의 상태가 궁금하였다. 그래서 처음 치매를 의심했던 치매안심센터에 가서 다시 치매검사를 받았다. 그런데 담당 의사선생님은 인지기능 저하가 더 이상 진행되지 않는다는 판정을 하고 "놀라운 기적이 발생했다."고 축하해주었다.

나는 인지기능 저하라는 치매 초기 진단을 받고 자포자기했었지만, 김용진 박사님과의 만남을 통하여 전뇌학습법으로 독서를 하고, 독후감을 쓴 후 이제는 예전처럼 일상생활이 가능해졌다. 그동안 나를 힘들게 했던 중풍도 좋아지고, 인지기능 저하도 좋아지고 그다음에 수면도 좋아지고, 기억력이나 판단력이 예전보다 좋아졌으며, 손을 떠는 현상도 거의 치료가 되었다.

나는 나의 놀라운 변화와 함께 치료된 건강 경험을 김용진 박사님에게 말씀드렸더니 김용진 박사님은 마치 자기 일처럼 기뻐해주셨다. 그리고 77세의 나이에도 불구하고 내가 이룬 놀라운 독서량과 독후감을 보고 이를 치하하기 위해서 상금 100만과 독후감 대상을 주시고 자기 일처럼 축하해주셨다.

77세의 나이에 생각지도 않았던 많은 책을 읽고, 독후감을 쓴 것만 해도 대단한 일을 했으며, 그로 인해 그동안 수많은 약을 먹으면서 고통 속에서 살았었는데 그러한 고통에서 탈출한 것만으로도 행복한데, 이제는 상과 상금도 받으니 나는 정말 행복했다.

08. 상금 300만원을 받다

　나는 나의 놀라운 경험과 성취감을 얻기 위해서 계속 독서를 하고 계속 독후감을 써나갔다. 내가 독서를 시작한 것이 2021년 1월 3일부터 시작해서 2021년 12월 30일까지 총 1,800권의 책을 읽었으며, 그중에서 독후감은 1,015권을 썼다.

　1년이 채 안된 360일 만에 나는 1,800권을 읽었다는 것은 하루에 5~6권의 책을 읽었으며, 하루에 3편 정도의 독후감을 쓴 것이다.

이에 대하여 김용진 박사님은 나의 놀라운 실적으로 보고 다시 시상을 하셨다. 본인이 운영하는 동안 최고의 책과 독후감을 쓴 수강생이라고 칭찬하면서 독후감 대상과 상금 300만원을 주셨다. 그리고 한국기네스에 최단 시간 1,800권 독서 및 1년 내에 1,015 권 독후감 쓰기로 최고 기록 인증 확인을 추천하겠다고 약속하셨다.

나는 나의 이러한 놀라운 기록을 남들에게 알리기 위하여 지금 까지 치매를 치료하기 위해서 공부한 지식을 모아서 이 책을 쓰게 되었다.

제205호

독후감대상

성　　명 : 청송 노 성 복

생년월일 : 1945년4월20일

　위 사람은 1년동안 책1800권을 읽고
독후감 1015권을 자필하여 본원이
추구하는 독서생활화 및 독후감 쓰기
운동에 기여 한바가 지대함으로 상장과
상금 300만원을 드립니다.

2022년 04월 23일

 세계전뇌학습아카데미/브레인캠
회　장 : 교육심리학박사 김　용
www.allbrain.co.kr　(02)722-3133

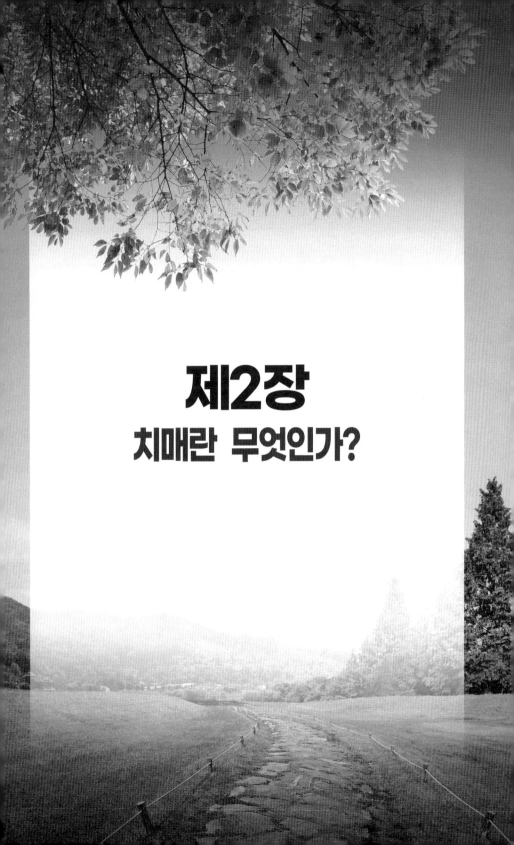

제2장
치매란 무엇인가?

01. 치매의 개념

치매는 일반적으로 지능·의지·기억 등 정신적인 능력이 현저하게 감퇴한 것을 말한다. 치매를 예방하기 위해서는 치매의 정의를 정확히 알면 방법이 보인다.

따라서 치매에 대한 정의를 보면 치매는 영어로는 dementia)라고 하는데 이는 de(제거)+mens(정신)+tia(병)라는 뜻이 결합된 라틴어 디멘스(demens)에서 유래된 말로서, 문자 그대로 '정신이 제거된 질병'으로 제정신이 아님을 의미한다.

한자로는 '어리석다' 또는 '미쳤다'의 치(癡)와 '미련하다'의 매(呆)가 결합된 단어로 '어리석고 미련하다'는 의미를 가지고 있다. 의학 사전에 나와 있는 다음과 같이 정의하고 있다.

치매는 대뇌 신경세포의 손상 등으로 지능, 의지, 기억 따위 등의 인지기능과 고등 정신 기능이 떨어지는 복합적인 증상을 말한다.

치매는 일반적으로 기억하고, 사고하고, 판단하는 능력의 손실로부터 시작하여 시간이 지날수록 언어능력이 저하되고 신체적 기능이 손실되어 행동하기 어려운 질환에 이르기까지 범위가 넓다. 치매는 뇌가 기질적으로 손상되거나 파괴되어 전반적으로 단기·장기 기억력, 사고력, 지남력, 이해력, 언어력, 계산능력, 학습능력, 인지기능과 고등 정신 기능이 쇠퇴하게 된다.

치매는 나이 든 노인에게만 나타나는 현상으로 생각하지만 실제로는 빠르면 40대부터 발생할 수 있다. 그러나 치매는 대부분 65세 이상의 노인에게 발생하는 노인성 질환이며, 뇌의 만성 또는 진행성 질환에서 생기므로 치매에 걸리면 시간이 지날수록 증상이 심해진다.

02. 치매의 현실

보건복지부의 통계자료에 의하면 2012년 치매환자는 9.1%(63.4만 명)에서 2020년 10.3%(84만 명), 2050년에는 15.06%(217만 명)로 증가할 것으로 예측되고 있다. 통계자료를 분석해보면 치매 환자 수의 증가는 매 20년마다 약 2배씩 증가하는 것으로 나타났다.

〈표〉 치매환자 추이

구 분	2012년	2025년	2040년	2050년
65세 이상 인구 수	53.4만명	103만명	185만명	237만명
65세 이상 치매노인 비율	9.1%	10%	11.2%	13.2%

* 출처 : 보건복지부

치매의 종류별 분석을 해보면 알츠하이머형 치매는 가장 흔히 발생되는 치매로 전체의 약 50%를 차지하고 있고, 혈관성 치매는 약 20%, 그리고 알츠하이머형 치매와 혈관성 치매가 동시에 발생하는 경우는 약 15%인 것으로 알려져 있다.

03. 치매로 인한 결과

1) 본인의 어려움

① 치매는 초기에는 가벼운 기억에 관련된 장애가 나타나 기억이 저장되지 않을뿐더러 과거의 기억도 잃어버리게 된다.

② 치매가 진행될수록 인지장애 등이 점차 동반됨으로써 판단능력이 떨어지며, 언어 장애로 인하여 일반적인 사회활동 또는 대인관계에 어려움을 겪게 된다.

③ 치매가 심해지면 행동에 대한 통제가 어려워져 일상생활이 어려워지며, 심하면 대소변의 분변이 어렵게 된다.

④ 더욱이 자신에게 위해를 가하거나, 간병인이나 보호자에게 대한 공격적인 행동을 하기도 한다.

⑤ 말기에는 일상생활이 어려워져 누워서 남의 도움을 받아야 하며, 결국은 사망에 이르게 된다.

2) 가족의 어려움

① 치매는 노인에게 흔한 질병으로 일반적인 병과는 달리 치매의 경우 평균 5~8년 정도 치매가 진행되고, 신체적인 기능들이 떨어져 결국은 생존 자체를 어렵게 만든다.

② 치매에 걸리면 본인 스스로 세상을 살아가거나 치료를 받기 어렵기 때문에 누군가는 부양해야 한다.

③ 부모나 배우자가 치매에 걸리면 가족은 길게는 10년 가까

이 치매 환자를 돌봐야 한다. 요양기간이 길게는 수년이 걸리기 때문에 본인과 가족에게 상당한 고통을 주게 된다.

④ 만성 퇴행성 질환인 치매는 다양한 정신기능 장애로 환자의 정서적 활동뿐만 아니라 일상생활, 즉, 식사하기, 대소변보기, 목욕하기, 옷 갈아입기, 몸단장하기 등의 장애까지 초래하게 된다.

⑤ 치매환자는 극심한 정신적인 장애와 함께 흔히 신체적인 장애까지 겸하여 다루기가 어렵고 사물을 이성적으로 판단하지 못하고 자기 스스로 생활할 능력이 없기 때문에 간호와 부양에 어려움이 심각하다.

⑥ 가족에 의한 치매 노인의 부양은 어린아이를 보는 것보다 더 힘들기 때문에 육체적으로도 매우 고단한 일이다.

⑦ 더 큰 문제는 병원비용과 수발과 간호에 들어가는 관리비용의 증가로 인하여 경제적으로 어려움이 크다. 이로 인해 치매 환자를 부양하려는 가족은 점차 줄어가고 있다.

⑧ 치매는 장기적인 치료를 필요로 하는 질환이기 때문에 가족 가운데 치매 노인이 있으면 경제적 부담은 물론 심리적인 부담감이 매우 큰 노인성 질환이며, 심지어 이로 인해 가족의 기능마저 와해되는 경우가 있다.

3) 국가 부담 증가

보건복지부가 발표한 치매관리 비용과 치매치료에 들어가는 관리 비용의 규모를 2012년에는 10조 3천억이 소요되었다. 2025년에는 30조가 필요하며, 2030년에는 78.4조가 필요하며, 2050년에는 134.4조가 필요할 것으로 예측하고 있다.

〈표〉 치매관리 및 치매환자 관리 비용 추이

구 분	2012년	2025년	2040년	2050년
치매관리 및 치매환자 비용	10조 3000억	30조	78조 4000억	134조 6000억

* 출처 : 보건복지부

04. 치매의 조건

치매는 나이가 들면 뇌가 퇴행되면서 생기며, 아무도 모르게 시작되어 서서히 심해지는 것이 일반적인 형태다. 치매는 노인에게 흔히 나타나는 건망증이나 노망 같은 노인성 질환과는 다르다. 노인이 되면서 자연스럽게 두뇌 기능이 떨어짐으로써 나타나는 노인성 질환을 치매로 오해하기 쉬운데, 치매는 후천적으로 뇌가 손상되면서 이루어지기 때문에 차이가 있다.

치매로 판정하기 위해서는 몇 가지 특징을 가지고 있어야 한다.
① 치매는 선천적인 것이 아니라 후천적으로 나타나는 현상이어야 한다.
② 뇌의 부분적 손실로 나타나는 증상이 아니라 전반적인 손상으로 나타나는 정신 증상으로 나타난다.
③ 기억·지능·인격 기능의 장애가 전반적으로 있어야 한다.
④ 의식의 장애가 없어야 한다.

치매는 정상적인 뇌가 후천적인 질병이나 외상 등에 의한 손상으로 인지기능과 고등지식학습의 기능이 떨어지는 복합적인 증상이기 때문에 유전적 요인이라 보지 않는다.

05. 치매의 원인

치매는 뇌의 기질적인 병변이 원인인데, 병변은 하나가 아니라 여러 가지 원인에 의해 발병된 최종적인 결과나 상태를 말한다. 치매의 원인이 되는 질환으로는 내과, 신경과 및 정신과 질환 등 70여 종류로 알려져 있다.

1) 알츠하이머 질환

알츠하이머 질환은 흔히 나이가 들면서 서서히 인지기능과 일상생활 능력을 저하 시킨 후 죽음에 이르게 하는 대표적인 퇴행성 신경정신계 질환이다.

알츠하이머는 치매에 걸린 사람들이 지적 능력을 유지하는데 중요한 뇌 부위에 있던 신경세포들이 많이 없어진 것과 이러한 뇌신경세포 사이에서 오가는 아주 복잡한 신호들을 서로 전달해 주는데 필요한 어떤 특정 화학물질의 양이 많이 떨어져 있다는 것을 발견하였다. 그리고 알츠하이머는 치매가 매우 서서히 발병하여 점진적으로 진행되는 경과가 특징적이라는 것을 발견하였다.

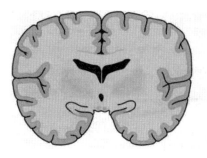 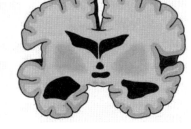

건강한 뇌   알츠하이머 병에 걸린 뇌

2) 혈관성 치매

혈관성 치매는 치매 중에서 두 번째로 많은 것으로, 뇌혈관의 순환장애와 관련된 질환으로 생긴다. 혈관성 치매는 다른 퇴행성 질환과 달리 고혈압과 뇌동맥 경화증, 당뇨병 등에 의한 뇌혈관 장애로부터 이차적으로 뇌세포에 변성을 일으키는 것을 말하며 다발성 뇌경색이라고도 한다.

3) 파킨슨병

파킨슨병은 뇌 질환의 하나로 뇌에 있는 도파민을 전달하는 신경세포가 점차 소실되어, 도파민이 부족해져 발생하며 떨림, 경직, 느린 운동, 자세 불안정성 등 운동 신경만이 원활하게 작동하지 못하는 운동신경장애를 말한다.

파킨슨병에 걸린 환자들 중 30~40% 정도는 파킨슨병의 말기에 치매의 증상을 나타난다. 초기 증상은 몸과 팔, 다리가 굳고 동작의 어둔함, 가만히 있을 때 손이 떨리는 현상, 말이 어눌해지고, 보폭이 줄고, 걸음걸이가 늦어지는 등의 현상이 나타나다 누적되어 치매로 발전되는 경우가 있다. 또 반대로 알츠하이머병 환자의 일부는 병이 진행하면서 파킨슨병의 증상을 보일 수도 있다.

4) 피크병

피크병은 뇌의 전두엽이나 측두엽이 손상되어 처음에는 언어장애가 오며, 점차 행동장애, 인격장애, 그리고 결국은 기억장애가 나타나는 비교적 드문 뇌 질환이다.

피크병은 갈수록 증상이 심해져 결국은 언어장애와 이상행동, 그리고 치매를 유발한다. 이 병은 매우 이상한 행동양식을 보이기 때문에 종종 정신과의사에 의해서 발견되기도 한다. 알츠하이머병처럼 부검에 의해서만 확진할 수 있다.

5) 크로이츠펠트-야콥병

크로이츠펠트-야콥병은 매우 드문 질환이나 치명적인 뇌 질환으로 프라이온(prion) 단백질이라 불리는 물질에 의하여 발생하는 것으로 알려져 있다. 주로 젊은 층과 중년층에서 발생한다.

초기 증상은 기억력 장애와 시야장애나 행동장애가 나타난다. 이후 의식장애와 근육의 간대성 근경련 또는 팔, 다리에 허약감, 앞이 잘 안 보이는 등의 시각 증상으로 시작해서 매우 빠르게 진행하여 결국은 혼수상태에 이르게 된다.

6) 헌팅톤병

헌팅톤병은 뇌의 특정 부위의 신경세포가 선택적으로 파괴되어 가는 진행성 퇴행성 뇌 질환으로 유전적 질환으로 알려져 있다.

이 병은 사람의 몸과 마음을 모두 침범하여 병이 진행됨으로써 인격과 지적 능력이 점차 떨어지고 기억력, 언어능력, 판단력 등도 점차 감소하게 된다. 치매는 이 병의 말기에 나타난다.

7) 알코올성 치매

술을 많이 마셔 알코올 중독으로 생기는 치매를 알코올성 치매라고 한다. 술을 지속해서 많이 마시면 비타민 B_1 의 결핍으로 뇌 손상을 일으키고, 알코올에 포함된 독성물질에 의한 뇌기능 장애가 일어난다. 또는 다른 이유로 사용하는 약물에 의해서도 혼돈 상태가 유발되어 인지장애나 치매증상이 나타난다.

8) 루이소체병

루이소체병으로 인한 치매는 흔한 질환이지만 의외로 한국에선 잘 알려져 있지 않다. 루이소체병은 치매 중에서 가장 흔한 유형은 알츠하이머병으로 다음으로 흔한 치매 유형으로 치매의 20% 정도를 차지한다.

하지만 우리나라에서 루이소체 치매 환자의 수가 얼마나 되는지는 지금껏 제대로 파악조차 되지 않은 실정이다. 루이소체병의 증상은 의식 및 인지기능의 심한 기복, 환시, 피해망상과 수면장애(꿈을 꾸다가 소리를 지르거나 꿈을 꾸면서 꿈의 내용대로 움직이는 증상)이 나타난다.

9) 기타 치매

외부 원인에 의한 뇌손상, 대사성 뇌 질환, 갑상선 질환, 영양결핍증, 우울증, 후천성면역결핍증(HIV) 감염 등으로 치매가 발병할 수도 있다.

06. 치매 위험인자

위험인자는 어떤 질환의 발생 확률을 직접적·간접적으로 상승시키는 신체적 또는 생활 습관적 요인을 말한다. 지금까지 치매의 원인을 종합해보면 치매를 발병하게 하는 몇 가지 중요한 위험인자가 있다는 것을 알 수 있다. 잘 알려진 위험인자는 다음과 같다.

1) 노화

노화는 치매를 발병하게 하는 가장 중요한 위험인자로, 나이가 들수록 치매의 발병위험은 높아진다. 대부분의 치매발병은 65세 이상의 노인부터 연령이 높아질수록 발병률이 높아진다. 역학조사에 의하면 65세 이후 5년마다 발병률이 2배 이상 증가하므로, 65세 이후의 노화는 알츠하이머병 발생의 가장 큰 위험인자라고 할 수 있다.

2) 가족력

가족력이란 가족이라는 혈연관계에서 나타나는 유전적 또는 체질적 질환을 말한다. 부모가 모두 알츠하이머병에 걸린 경우 그 자손이 80세까지 알츠하이머병에 걸릴 위험도가 54%로, 부모 중 한쪽이 환자일 때보다 1.5배, 부모가 정상일 때보다 5배 더 위험도가 증가하는 것으로 나타났다. 따라서 부모가 치매에 걸린 경우 가족력으로 자녀에게도 영향을 준다는 것을 알 수 있다.

3) 여성

치매는 일반적으로 남성보다는 여성에게 많이 나타나며, 특히 알츠하이머병의 경우는 13% 정도 발병 위험이 높은 것으로 나타났다.

4) 환경 요인

치매는 알코올과 흡연 같은 각종 독성 유해 물질을 섭취하게 되면 치매에 걸릴 확률이 높아지게 된다. 그리고 혈관성 치매도 소금이나 지방 등에 의하여 나쁜 영향을 받기 때문에 환경 요인이 중요한 위험인자라고 할 수 있다.

5) 두부외상

치매는 뇌에 손상이 생기는 외부 원인에 의해서도 발병한다. 따라서 의식을 잃을 정도로 심하게 머리를 다치거나 경미하지만 여러 차례 머리를 반복해서 다친 경우 치매 발병률이 높아진다.

6) 교육수준

치매환자의 교육 연한을 살펴보면 고학력자보다는 저학력자가 많이 걸리는 것으로 나타났다. 결국 뇌를 많이 쓰는 고학력자일수록 정신계 손상을 감소시켜 치매예방에 도움이 된다는 것이다.

7) 성인병

치매는 다양한 요인으로 발병하는데 그중에서도 고혈압, 당뇨병, 비만, 이상지질혈증, 심장병 같은 합병증으로 치매가 발생할 수 있다.

8) 우울증

노인성 우울증이 심해지면 뇌에서 도파민이라는 집중력을 관장하는 호르몬 분비가 적게 분출되고, 이로 인해 점차 기억력 장애가 생기게 된다. 따라서 노인의 우울증은 치매 발병률을 높일 수 있다.

07. 치매의 진행단계

치매의 원인 중 가장 많은 알츠하이머병의 증상에 대해서 뉴욕 의대의 실버스타인 노화와 치매연구센터의 배리 라이스버그 (Barry Reisberg) 박사는 알츠하이머병의 진행단계에 따라 증상을 아래와 같이 7단계로 구분하였다.

〈표〉 치매의 진행단계

구 분	내 용
1단계	정상
2단계	매우 경미한 인지 장애
3단계	경미한 인지장애
4단계	중등도의 인지장애
5단계	초기 중증의 인지장애
6단계	중증의 인지장애
7단계	후기 중증 인지장애

1) 1단계 : 정상

치매환자와의 임상 면담에서도 기억장애나 특별한 증상이 발견되지 않은 정상적인 상태를 말한다.

2) 2단계 : 매우 경미한 인지 장애

2단계에서는 정상적인 노화과정으로 알츠하이머병의 최초 증상이 나타나는 시기이다. 정상일 때보다 기억력이 떨어지며 건망증의 증상이 나타나지만 임상 면담에서는 치매의 뚜렷한 증상이 발견되지 않기 때문에 매우 경미한 인지 장애 상태라고 한다. 2단계는 특별한 단정을 짓기는 어렵지만 경미하게 인지 장애가 나타나는 단계로 임상평가에서 발견되지 않기 때문에 주변 사람들도 치매환자의 이상을 느끼지 못한다.

3) 3단계 : 경미한 인지장애

3단계에서는 정상단계에 비하여 경미한 인지장애가 뚜렷하게 나타나기 때문에, 주변 사람들도 치매환자의 치매가 시작되었다는 것을 눈치 채기 시작하는 단계다. 3단계에 이르게 되면 기억력의 감소가 시작되어 전에 했던 일이 기억이 잘 나지 않으며, 단어가 금방 떠오르지 않아 말이 자연스럽지 않고, 물건을 엉뚱한 곳에 두거나 잃어버리기도 한다.

4) 4단계 : 중등도의 인지장애

4단계는 임상 면담에서 중등도의 인지장애가 발견되는 단계로 경도 또는 초기의 알츠하이머병이 진행되는 단계다. 4단계에서는 자세한 임상 면담을 통해서 여러 인지 영역에서 분명한 인지저하 증상을 확인할 수 있다.

4단계에 이르게 되면 자신의 생활에서 일어난 최근 사건을 잘 기억하지 못하여, 기억을 잃어버리는 일이 자주 발생한다. 그리고 수의 계산이나 돈 계산능력의 저하가 나타난다.

5) 5단계 : 초기 중증의 인지장애

5단계는 임상 면담에서 초기 중증의 인지장애가 발견되는 단계로 중기의 알츠하이머병이 진행되는 단계다. 5단계에서는 기억력과 사고력 저하가 분명하고 일상생활에서 다른 사람의 도움이 필요해지기 시작한다.

5단계에 이르게 되면 자신의 집 주소나 전화번호를 기억하기 어려워하며 길을 잃거나 날짜, 요일을 헷갈려한다. 하지만 자신이나 가족의 중요한 정보는 기억하고 있으며 화장실 사용에 도움을 필요로 하지는 않는다.

6) 6단계 : 중증의 인지장애

6단계는 임상 면담에서 중증의 인지장애가 발견되는 단계로 중중기의 알츠하이머병이다. 6단계에서는 기억력은 더 나빠지고,

성격변화가 일어나며 일상생활에서 많은 도움이 필요하게 된다.

6단계에 이르게 되면 최근 자신에게 일어났던 일을 인지하지 못하고 주요한 자신의 과거사를 기억하는데 어려움을 겪는다. 그리고 익숙한 얼굴과 익숙하지 않은 얼굴을 구별할 수는 있으나, 배우자나 간병인의 이름을 기억하는데 어려움이 있다.

또한 대소변 조절을 제대로 하지 못하기 시작하여 다른 사람의 도움이 필요하기 시작한다. 그리고 옷을 혼자 갈아입지 못하여 다른 사람의 도움이 없이는 적절히 옷을 입지 못한다. 할 일 없이 배회하거나, 집을 나가면 길을 잃어버리는 경향이 있기 때문에 주의를 기울여야 한다. 성격이 변화되거나 행동에 많은 변화가 생긴다.

7) 7단계 : 후기 중증의 인지장애

마지막 7단계는 후기 중증 인지장애 또는 말기 치매단계를 말한다. 7단계에서는 이상 반사와 같은 비정상적인 신경학적 증상이나 징후가 보여 정신이나 신체가 자신의 통제를 벗어나게 된다.

7단계에 이르게 되면 식사나 화장실 사용 등 개인 일상생활에서 다른 사람의 상당한 도움을 필요로 하게 되며, 누워서 생활하는 시간이 많아지게 된다.

08. 치매와 비슷한 증상

노인은 나이가 들수록 뇌세포의 감소와 사회적인 고립과 스트레스로 인해 치매와 비슷한 증상이 여러 가지 증상이 나타난다. 치매는 빨리 발견되어야 도움이 됨으로 다른 유사 질환과의 차이를 구별할 수 있어야 한다.

1) 노망

노망(老妄)은 늙어서도 철이 들지 않아 아이들처럼 어리석은 행동을 하며 주변사람들에게 피해를 입히는 행동을 말한다. 과거에는 노인이 정신이 흐려져서 말과 행동이 비정상적이면 노망이 들었다고 하였다.

노망은 노인이면 뇌세포가 죽으면서 당연히 겪게 되는 노화현상이다. 노망과 치매의 차이는 노망은 신체 노화에 따른 자연스러운 현상인 반면에, 치매는 의학적 관찰로 진단되는 특정 원인을 가지는 치료의 대상이다.

2) 망령

망령(妄靈)의 사전적인 의미는 '죽은 사람의 영혼'이라는 뜻으로 인간이나 동물의 시체로부터 떨어져 나온 혼을 가리키는 말이기도 하다. 망령은 사람이 늙거나 큰 병으로 정신력이 쇠약해져서 언행이 보통 상태를 벗어나는 현상을 말한다.

망령은 노망보다 상태가 심한 경우에 사용하며, 부정적인 의미가 더욱 강하다. 노망처럼 나이가 들어 정신이 흐려져서 말과 행동이 비정상적이면 망령이 들었다고 한다.

망령과 치매의 차이도 망령은 신체 노화에 따른 자연스러운 현상인 반면에, 치매는 의학적 관찰로 진단되는 특정 원인을 가지는 치료의 대상이다.

3) 건망증

건망증(健忘症)은 경험한 일을 전혀 기억하지 못하거나, 어느 시기 동안의 일을 전혀 기억하지 못하거나 또는 드문드문 기억하기도 하다가 다시 기억이 나는 기억 장애를 말한다.

치매로 인한 기억 장애는 한번 기억이 안 나면 거의 기억이 나지 않지만, 건망증은 기억이 안 났다가도 일정한 시간이 지나면 기억이 나는 차이가 있다.

노인 건망증의 원인은 뇌신경의 퇴화라는 것 외에도 복합적인 심리적·정서적인 요인으로 나타나기도 한다. 불안감이나 우울증을 겪고 있거나, 심각한 스트레스 상황에 지속적으로 노출되면 집중력의 저하로 일시적인 건망증이 자주 일어난다. 이는 기억의 문제라기보다는 오히려 그 상황에 의한 집중력에 문제가 생기는 경우라 할 수 있다.

4) 노인 우울증

노인 우울증은 65세 이상 인구의 10명 중 1명이 걸릴 수 있으며 노년기의 정신건강과 관련된 가장 흔한 장애다. 노인 우울증의 증상은 기분이 깊게 가라앉거나 절망감·우울감 등 마음의 고통이 나타나 치매와 유사한 행동을 나타낼 때도 있다. 그러나 노인 우울증은 정신적인 증상만이 아니라 두통, 복통이나 위장 장애 등의 신체적 증상으로 나타나는 경우가 많다.

노인 우울증은 다양한 증상으로 나타나기 때문에 우울증이라고 정확하게 진단하지 못하고 지나치기 쉬운 경우가 많다. 노인 우울증을 진단하기 쉽지 않은 이유가 본인이 우울증에 걸렸다는 걸 깨닫지 못할 뿐만 아니라, 가족이나 친구 등 주위의 사람들도 기운이 없는 것은 '나이 탓이다', '늙으면 누구나 잠이 줄어든다.' '늙어서 혼자되었으니 기운이 없는 것이 당연하다.'고 이해하여 방치되는 일이 많기 때문이다.

노인 우울증은 크게 세 가지 이유로 나타난다.

첫째, 뇌의 노화가 진행됨에 따라 뇌 자체도 노화하여 실제로 뇌에 포함된 화학물질(신경전달물질) 일부에 양적 변화나 부조화가 나타나 부신피질, 갑상선, 하수체 등에서 분비되는 호르몬이 우울 상태를 일으키기 쉽다고 보고 있다.

둘째, 심리적으로 노년이 되면 노화에 따라 성격이 변하고, 그 때문에 스트레스에 대응하는 힘이 약해져 우울증이 일어나기 쉽다.

셋째, 사회적 상실은 누구라도 피하기 어려운 경험이지만 노인의 경우에는 상실감이 복합적으로 겹쳐서 타격이 크며 아무리 해도 대처할 수 없으면 우울증을 일으키게 된다.

5) 노인 강박신경증

노인 강박신경증은 의지의 간섭을 벗어나서 특정한 생각이나 행동을 반복하는 상태를 말한다. 특정한 생각이나 행동이 치매와 유사한 행동을 나타낼 때도 있다.

노인 강박신경증은 잠시 나타나는 증상인 반면에 치매는 지속적으로 증상이 나타난다. 강박증으로 내재한 불안은 조절되지만 이 강박행동을 중지하면 불안증세가 다시 나타나므로 불합리한 줄 알면서도 반복하게 된다. 즉 원치 않는 지속적인 생각이나 충동, 이미지 등이 자신을 불안하고 힘들게 하는 증상과 더불어 스스로가 통제할 수 없는 행동을 반복적으로 하게 되는 경우를 말한다.

자신은 이러한 생각이나 행동이 비합리적이라는 것을 알지만, 어떻게 이 생각이나 행동을 조절할 수 없으며 일상생활, 학습, 사회적인 활동이나 대인관계에 막대한 영향을 미치게 된다. 강박행동을 억제하면 오히려 불안이 증가한다.

상금 300만원

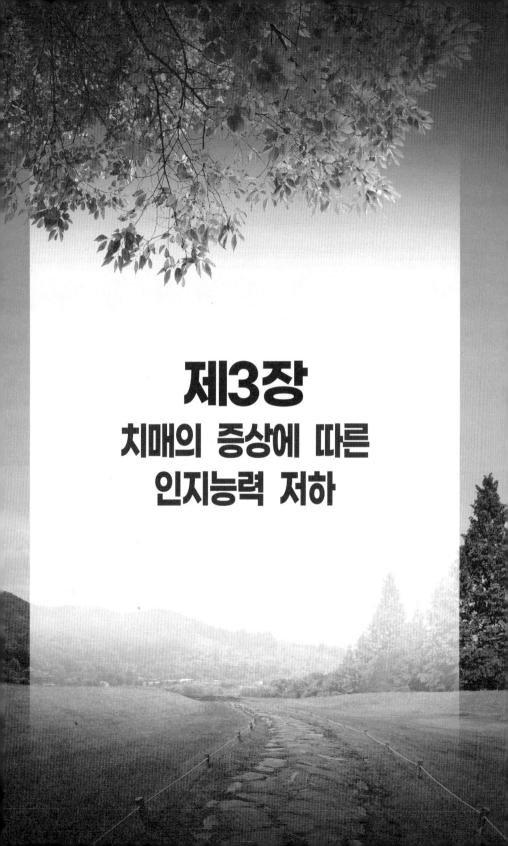

제3장
치매의 증상에 따른 인지능력 저하

01. 치매로 인한 인지장애

인지(cognition)란 뇌에서 정보를 받아들이고 생각하고 목적에 맞게 행동하는 통합적인 기능을 이르는 말이다.

인지 영역은 주의력, 기억력, 지남력, 언어력, 실행능력, 시지각력, 시공간능력이며 그 외에 정서, 계산 등의 별도 영역으로 구분된다.

노인의 인지기능은 연령의 증가에 따라 뇌기능과 기억력이 점진적으로 감소되어 60대에는 25%가 가벼운 정도의 인지장애를 보이다가 70대에는 현저하게 저하되기 시작하여 80대 이상에서는 약 54.6%가 중증의 인지장애를 보인다.

치매는 인지에 영향을 미쳐 더욱 빠르게 장애를 가져온다.

1) 알츠하이머 치매

서서히 시작되어 5년에서 10년 걸쳐 점진적으로 진행된다. 초기에는 기억력 저하가 나타나고, 중기에 접어들면서 언어능력이나 판단력, 시공간능력 저하가 나타난다.

2) 혈관성 치매

계단식 진행경과가 나타난다. 초기에는 뇌경색 부위에 따라 언어능력, 판단력, 또는 시공간능력의 장애가 뚜렷하게 나타나기도 한다.

3) 전두·측두엽 치매

초기에는 기억력의 저하가 경미한 반면에 행동 문제나 언어능력 장애가 두드러지게 나타난다.

02. 기억력 저하

1) 기억력의 정의

기억력은 이전의 인상이나 경험을 의식 속에 간직해 두는 능력을 말한다. 치매환자에게 가장 흔하게 나타나는 증상이 기억력 장애다.

기억력 장애는 알츠하이머병 뿐만 아니라 모든 치매에서 공통적으로 나타날 수 있는 증상으로서 초기에는 단기 기억력의 감퇴가 주로 나타나며 점차 장기 기억력도 상실하게 된다.

2) 기억력의 종류

① 단기기억

주로 치매 초기에 나타나는 특징이며 최근에 일어난 사건에 대한 단기기억의 상실이 장기기억의 상실에 비해 두드러지게 나타난다.

이러한 기억장애는 의사소통에서 똑같은 말을 반복하거나 더듬고 익숙한 장소에서도 방향감각을 잃어버리고, 친구와의 약속·약 먹는 시간·친구나 심하면 가족의 이름이나 전화번호 등을 잊어버리기도 한다.

또 물을 사용하다 그대로 틀어 놓는다거나 전기장판이나 가스불을 끄지 않은 채 그대로 내버려 두어 화재의 위험에 노출되기도 한다.

치매환자는 본인이 기억의 나지 않는다는 것을 인정하고 싶지 않으므로 기억을 보충하기 위하여 거짓말을 만들어 말하는 작화증이 나타나기도 한다.

② 장기기억

치매의 진행이 오래되어 심해지면, 비교적 잘 유지해 왔던 장기기억에도 문제가 생겨 본인의 생일을 기억하지 못하거나 문제를 방치하면 가족의 얼굴조차 잊어버려 본인은 모르지만, 자신이 사랑하는 가족을 슬프게 할 수도 있다.

03. 지남력 장애

1) 지남력의 정의

　지남력이란 시간과 장소, 상황이나 환경 따위를 올바로 인식하는 능력을 말한다. 치매에 걸리면 초기에는 지남력 저하를 보이는데 시간, 장소, 사람을 측정하는 능력이 떨어지게 된다.

　초기에는 시간 장소, 사람 순으로 저하된다. 즉 환자는 지금이 몇 년도 인지, 몇 월 인지, 무슨 요일인지의 날짜 구분이 어려우며 혹은 지금이 무슨 계절인지, 현 장소에 대한 인식과 본인, 타인의 정체성도 망각하게 된다.

2) 지남력의 종류

　① 시간 지남력

　날짜, 요일 뿐 아니라 계절 감각도 저하되고 밤과 낮을 혼동하게 된다.

　② 장소 지남력

　장소에 대한 감각이 사라져 자주 다니던 길에서도 방향을 잃고 헤매게 된다. 집안에서 침실, 화장실, 부엌 등을 구분하지 못해서 엉뚱한 곳에 대소변을 보는 일이 생기게 된다. 집에서도 본인의 집이라는 사실을 잊어버리게 된다.

③ 사람 지남력

가까운 친지의 이름을 기억 못하고, 배우자나 자녀의 이름도 잊어 먹게 된다. 말기가 되면 자신의 이름도 기억하지 못하게 된다.

04. 언어능력 저하

1) 언어능력 저하의 정의

언어는 자신의 생각이나 감정을 표현하고, 다른 사람의 말을 이해하여 의사를 소통하기 위한 소리나 문자 따위의 수단을 말한다. 치매에 걸리면 언어의 장애가 나타나는데 단어가 금방 떠오르지 않아 말이 자연스럽지 않지 않으며, 끊기는 장애가 생긴다.

언어 장애는 기억력의 감퇴와 마찬가지로 치매의 초기에는 언어장애가 경미하게 나타나나, 치매가 더욱 진행될수록 점차 말 수가 현저히 줄어들어 완전히 말문을 닫아 버린다.

2) 언어 능력

① 이해하는 능력

• 상대방의 말을 이해하기 힘들어진다.

• 길고 복잡한 문장으로 말하거나 어려운 추상적 용어 사용하면 이해하기 어려워한다.

• 대화를 피하거나 적절한 반응을 하지 못하고 가만히 있게 된다.

• 여러 명이 대화할 때 어울리기 힘들어하고 자리 피하는 경

우가 생긴다.

- 상대방의 말을 이해할 수 없다.
- 치매가 깊어지면 간단하고 알기 쉽게 설명하고 대화를 하려고 해도 간단한 질문조차 이해할 수 없다.

② 말하는 능력
- 적당한 단어를 찾기 힘들어 하고 말이 어눌해진다.
- 다소 어려운 단어, 자주 부르지 않던 사람 이름은 생각나지 않는다.
- 문장이 짧아지고 추상적인 표현이 많아진다.

05. 시공간능력 저하

시공간능력이란 사물의 크기, 공간적 성격을 인지하거나 사물과 사물 사이의 관계를 지각하는 능력을 말한다. 치매에 걸리면 시공간을 인식하는 능력에 장애가 생긴다.

치매가 진행됨에 따라 시공간 능력 저하 현상을 보면 다음과 같다.

- 익숙한 거리에서 길을 잃는 경우가 생긴다.
- 밖을 나가면 집을 찾지 못한다.
- 심하게는 집안에서 방이나 화장실 등을 찾아가지 못하는 증상으로 발전할 수 있다.
- 친숙한 환경에서 갑자기 길을 잃거나 새로운 장소에 대한 학습이 되지 않는다.
- 친숙한 가족이나 친지의 얼굴을 알아보지 못한다.
- 자동차를 운전하는 경우는 목적지를 제대로 찾아갈 수 없는 상황이 초래하기도 한다.

06. 계산능력 저하

계산능력이란 물건 또는 값의 크기를 비교하거나 주어진 수나 식(式)을 연산의 법칙에 따라 처리하여 수치를 구하는 능력을 말한다. 치매에 걸리면 계산 능력이 떨어져 간단한 계산도 못하는 증상이 나타난다.

치매가 진행됨에 따라 계산능력 저하 현상을 보면 다음과 같다.

- 숫자를 세는 것을 어려워한다.
- 간단한 더하기나 빼기를 하지 못한다.
- 돈의 단위를 구분하지 못한다.
- 돈을 계산하는 것을 하지 못한다.
- 시간 계산을 하지 못한다.

07. 시지각력 저하

   시지각력이란 시각을 통해 수용한 시각적 자극을 정확하게 인지하는 능력만이 아니라 외부환경으로부터 들어온 시각 자극을 선행경험과 연결하여 인식, 변별, 해석하는 두뇌활동을 말한다.

   치매에 걸리면 형태, 모양, 색깔을 구별 못하는 증상들이 나타난다.

   치매가 진행됨에 따라 시지각력 저하 현상을 보면 다음과 같다.

- 모양이 조금 달라지면 구분을 하지 못한다.
- 같은 모양이라도 색깔이 다르면 같다고 인식하지 못한다.
- 옷을 바꿔 입으면 다른 사람으로 인식한다.
- 같은 모양이라도 위치를 바꾸어 놓으면 인식하지 못한다.

08. 판단력 저하

사물을 올바르게 인식·평가하는 사고 능력을 말한다. 치매에 걸리면 무엇을 결정할 때 시간이 걸리거나 잘못 결정하는 장애를 말한다.

치매환자가 이 증상을 보이게 되면 직장뿐만 아니라 가정에서도 뚜렷한 이상이 있는 것으로 인식된다.

치매가 진행됨에 따라 판단력 저하 현상을 보면 다음과 같다.

- 사물을 인지하지 못하거나 그 의미를 파악하지 못한다.
- 사물의 모양이나 색깔은 파악할 수 있지만, 그 사물이 무엇이며 용도를 모른다.
- 어떤 상황에 대해 판단을 잘못한다.
- 돈 관리를 제대로 하지 못하며, 필요 없는 물건을 구입하기도 한다.

09. 집중력 저하

집중력이란 어떤 일을 할 때 상관없는 주변 소음이나 자극에 방해받지 않고 그 일에만 몰두하는 능력을 말한다. 집중력은 환경과 감각으로부터 얻어진 정보를 통해 결정을 내리는 것을 돕는데, 치매에 걸리면 집중력이 떨어진다.

치매가 진행됨에 따라 집중력 저하 현상을 보면 다음과 같다.
- 한 가지 사안에 대해서 집중하지 못한다.
- 행동이 산만하다.
- 집중력이 떨어져 행동이 정확하지 못하다.
- 상대방의 대화에 집중하지 못한다.
- 한 가지 일에 주의 집중할 수 있는 시간이 정상인에 비해 짧아 쉽게 흥미를 잃는다.

10. 실행 능력 저하

실행능력 저하라는 것은 감각 및 운동기관이 온전한데도 불구하고 해야 할 행동을 실행하지 못하는 것을 일컫는다. 치매가 진행되면 점차 인지기능 저하가 나타나면서 실행능력 저하가 나타난다.

치매가 진행됨에 따라 실행 능력 저하 현상을 보면 다음과 같다.
- 신을 신고 운동화 끈을 매지 못한다.
- 식구 수대로 식탁을 차리는 일에 어려움을 느끼게 된다.
- 옷을 입거나 단추를 채우는 일이 어려워진다.
- 젓가락을 사용하는 것이 어려워진다.
- 숟가락을 사용하여 식사하는 것이 어려워진다.
- 바르게 서서 걷는 일이 어려워진다.
- 그림을 제대로 그리지 못한다.
- 청소를 하기 어렵다.
- 세수를 하거나 씻는 일이 어려워진다.
- 전화가의 버튼을 제대로 누르지 못한다.

11. 정서적인 장애

정서란 사람의 마음에 일어나는 여러 가지 감정을 말하며, 치매에 걸리게 되면 정서적인 장애가 나타난다. 치매로 인하여 나타나는 정서적인 장애는 다음과 같다.

1) 인격 변화

환자가 본래 가지고 있던 성격이 내성적으로 바뀌고 자신의 행동이 다른 사람에게 미치는 영향에 대해 개의치 않는 것을 말한다. 치매환자의 인격 변화는 환자의 가족들을 가장 괴롭히는 양상이다. 편집증적인 망상을 가지고 있는 치매환자는 전반적으로 가족들과 간호하는 사람에게 적대적으로 변하는 경우가 많다.

2) 성격 변화

치매에 걸리면 점차 세상일에 대해서 무관심해지고, 특히 다른 사람과의 만남을 꺼려하고, 만나도 다른 사람의 욕구에 전혀 관심이 없어진다. 그리고 모든 것을 자기중심적으로 생각하고, 이기적이 되어 간다. 그리고 활동적이던 사람도 치매에 걸리면 수동적이되고 냉담해진다.

3) 외모에 대한 무관심

치매에 걸리면 점차 자신의 외모에 관심이 없어지고 깔끔하던 사람이 위생관념이 없어져 지저분하게 보이고 모든 활동에 흥미와 의욕이 없어지는 등 우울감이 심해진다.

4) 정신 장애

치매에 걸리면 불안, 초조, 우울증, 심한 감정의 굴곡, 감정, 실조 무감동 등이 발생한다. 또한 환청, 환시, 환촉 같은 감각기능 상의 장애가 발생하며, 피해망상증이 흔히 발생하기도 한다. 이로 인해 발생하는 행동장애로는 공격적 행동이 나타나 자해하거나 타인에게 위해를 끼친다.

5) 기타

치매에 걸리면 점차 소유개념을 잃어 염치를 모르게 되고 도덕관, 수치심, 성적으로 추한 행동을 스스럼없이 하기도 한다. 또한 고집스럽게 변하여 자기로 인하여 다른 사람에게 미치는 부정적인 영향을 전혀 인식하지 못하게 된다.

제4장
치매로 인한 장애

01. 고혈압

1) 고혈압의 특징

치매노인들은 고혈압 합병증에 걸리기 쉽다. 치매노인이 고혈압에 걸리면 관상동맥 질환에 의한 사망, 뇌경색이나 뇌출혈에 의한 사망 가능성, 대동맥류의 파열로 인한 사망 가능성이 증가된다. 그리고 뇌경색이나 뇌출혈에 의한 합병증, 심장기능 저하에 의한 합병증, 고혈압성 혈관변성에 의한 신장기능 장애와 눈의 혈관 이상 등으로 일상생활을 영위하기 어렵게 될 가능성이 증가하게 된다.

따라서 고혈압 합병증을 예방하기 위해서는 지속적으로 혈압검사를 해야 하며, 고혈압 증상이 나타나면 고혈압을 치료해야 한다.

노인들은 노화현상으로 혈관의 탄력이 약해지고 딱딱하게 경직되기 때문에 수축기 혈압은 점차 증가하고, 이완기 혈압은 오히려 감소되는 추세를 보인다. 혈압의 일중 변동이 많으며, 기립성저혈압 증상이 나타난다,

식후에 저혈압이 흔하게 나타나며, 약제로 인한 부작용 발생이 쉽다.

2) 노인 고혈압의 진단

기본적으로는 젊은 성인의 고혈압 진단과 동일하지만 주기적으로 혈압을 측정하여 적어도 2회 이상 평균 혈압이 140/90mmHg 이상일 경우에 고혈압으로 진단하고 치료해야 한다. 이완기 혈압이 90 미만이고 수축기 혈압이 140 이상인 고립성 수축기 고혈압인 경우에도 치료의 필요성은 보통과 같다.

노인 환자 고혈압 진단 시 주의해야 할 점으로는 다음과 같다.

• 노령 환자의 상완 동맥은 딱딱하기 때문에 실제보다 혈압이 높게 측정되어 가성 고혈압으로 진단될 수 있다.

• 쇄골하동맥에 동맥경화반이 협착을 일으키는 경우 실제보다 혈압이 낮게 측정되어 가성 저혈압으로 진단될 수도 있다.

• 젊은 환자들에 비해 신체의 혈역학적 변화에 따른 자율신경계의 반응이 둔하므로 혈압의 변화가 심하고 기립성저혈압이나 식후 저혈압이 자주 발생하므로 혈압을 하루에도 여러 번 측정하는 것이 좋다.

• 자세나 식사에 따른 변화를 측정해 보는 것이 좋다.

<표> 혈압측정

혈압 분류	수축기혈압 mmHg	이완기혈압 mmHg	생활습관 조절
정상	〈120	〈80	권장
고혈압 전단계	120-139	80-89	실천
1단계 고혈압	140-159	90-99	반드시 실천
2단계 고혈압	〉160	〉100	반드시 실천

3) 노인 고혈압의 치료

- 노인의 경우 몸속에 수분이 감소되고, 체지방은 증가되어 있어 고혈압 약물 치료에 따른 부작용의 위험이 높다.

- 이완기 혈압이 과도하게 낮아졌을 때는 낙상의 위험이 증가되거나 전신 허약감을 호소하게 될 수 있다. 따라서 젊은 성인에 비해 더 적은 용량으로 약을 쓰면서 부작용이 발생하지 않는지 면밀히 관찰해야 한다.

- 혈압조절의 목표를 건강한 노인에서는 140/90, 노쇠한 노인에서는 150/90 정도로 권장해야 한다.

02. 당뇨병

1) 당뇨병의 특징

당뇨병은 혈액내 포도당 농도(혈당량)가 높게 유지되는 병이다. 오줌에 당이 섞여 나온다는 의미에서 당뇨병이라고 이름 붙여졌다. 당뇨병은 그 원인과 양상에 따라 제1형과 2형으로 나눌 수 있다. 제1형은 인슐린 합성을 못하는 경우이고, 제2형은 인슐린 합성이 제대로 조절되지 못하거나 표적세포에 작용하지 못해서 생긴 경우이다.

당뇨로 인한 증상을 보면 다음과 같다.
- 주로 탈수 상태, 갈증, 피로, 무력감, 공복감이 든다.
- 다량의 물을 마시게 되어 소변량이 증가하고 공복감을 해소하기 위하여 더 많은 음식을 섭취하게 된다.
- 피부 소양증, 부스럼증이 생긴다.
- 쉽게 피로를 느끼게 된다.'
- 신경질적으로 변한다.
- 시력저하나 실명된다,
- 손발 저림, 소화장애, 배설곤란, 발기부전이 생긴다.

• 노인에서는 증상이 애매하거나 무증상인 경우도 매우 많다.

2) 당뇨병 진단

혈당량(행) 단계(열)	식전 (mg/dL)		식사 후 2시간 뒤(mg/dL)
정상	70	100	〈 140
당뇨병전기	101	125	140-200
당뇨병	〉126		〉200

3) 당뇨병의 치료

• 치매환자는 철저한 혈당 관리로 합병증 발생을 예방해야
한다.

• 혈당이 아무 때라도 200을 넘지 않도록 하고, 공복 시에는
140을 넘지 않도록 해야 한다.

• 저혈당으로 인해 의식이 있는 경우에는 사탕, 초콜릿, 꿀,
주스, 음료수 등 쉽게 당을 올릴 수 있는 음식을 먹는다.

• 저혈당으로 인해 의식이 없는 경우에는 입으로 당분을 투
여하면 안 되며, 가까운 의료 기관으로 이송해야 한다.

• 저혈당을 예방하기 위해서는 규칙적인 식사, 운동, 약물복
용을 지속적으로 해야 한다.

03. 부종

1) 부종의 특징

부종은 혈관 밖에 신체조직에 수분이 쌓이는 것, 겉으로 드러나기 전에 체중이 늘어나는 현상을 말한다. 가장 흔하게 다리, 얼굴, 손에 나타나며, 누워 지내는 환자에게는 아래쪽 등(천골부위)에 주로 나타나며, 몸속에는 복강(복수), 폐(폐부종), 흉막(흉막삼출) 등에 나타난다.

부종이 나타나면 처음부터 이뇨제 복용하지 말고 원인을 찾아서 해결하는 것이 가장 좋다.

2) 위치에 따른 질환

① 국소 부종을 일으키는 질환

• **심부정맥혈전증** – 피부 안 깊은 곳의 근육에 싸여 있는 심부 정맥에 혈액 순환이 안 되어 혈전(피떡)이 생긴다. 주로 종아리와 허벅지에 발생–골반 안쪽이나 팔에서도 발생한다. 즉각적인 치료가 필요하다.

• **림프부종** – 노인의 림프부종은 대부분 다른 원인에 의해 2차적으로 생긴다. 주원인은 종양, 임파선 영역을 포함하는 수술, 방사선 치료 또는 감염에 의해서 생긴다. 림프계가 막혀서 림프액이 순화하지 못하고 축적되면 막힌 이후 부위에 부종이 생기게

된다.

② 전신 부종을 일으키는 질환

• 갑상선 기능 저하증 : 갑상선에서 갑상선 호르몬이 잘 생성되지 않아 체내에 갑상선 호르몬 농도가 정상보다 낮거나 결핍된 상태를 말한다. 점액수종의 경우, 피부 아래 진피 내에 점다당질이 쌓여 부종이 유발된다.

• 심부전: 하지 부종의 두 번째로 흔한 원인-주 증상: 피로감, 쇠약감, 폐에 물이 차면서 발생하는 호흡곤란

• 폐동맥 고혈압 : 심장으로부터 폐로 혈액을 공급하는 폐동맥의 혈압이 높아져 폐의 혈액순환이 나빠지는 질환을 말한다.

주 증상으로는 호흡곤란, 만성 피로감, 실신, 흉통, 심실 부전에 의한 전신 부종이 나타난다.

3) 부종의 치료

① 원인 질환을 발견하여 치료한다.

② 염분 및 수분을 제한한다.

③ 이뇨제 투여 : 매우 효과적인 방법이나 혈액량을 줄어들게 하여 심혈관계 기능장애가 유발할 가능성이 있다. 특히 70세 이상의 노인에서 이런 부작용 더 흔히 발생하므로 주의해야 한다.

④ 보조적 요법 : 부종이 있는 다리를 높게 하거나 누워있는 것만으로도 호전이 된다.

제5장
뇌와 치매

01. 뇌의 구조와 기능

뇌는 인체 기관 중에서 가장 복잡한 구조로 되어 있으며, 1,000억 개의 신경세포로 구성되어 신경세포가 밀집되어 있는 신경 덩어리라고 할 수 있다. 신경세포들은 끊임없이 정보를 교환하여 근육과 심장, 소화기관 같은 모든 기관의 기능을 조절할 뿐 아니라, 생각하고 기억하고 상상하는 등 인간의 복잡한 정신 활동을 일으킨다. 따라서 뇌는 우리 몸의 모든 기능을 관장하고, 사고하기 때문에 뇌가 조금만 손상을 입으면 그로 인해 영향을 받게 된다.

인간의 뇌는 대뇌, 사이뇌, 소뇌, 중간뇌, 다리뇌(교뇌), 숨뇌(연수)로 나뉘며 그 역할을 보면 다음과 같다.

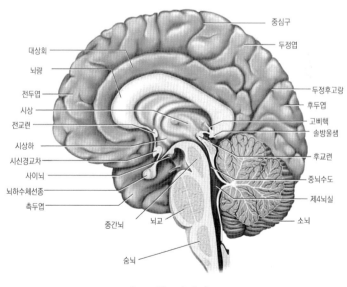

[그림] 대뇌의 구조

1) 대뇌

대뇌는 뇌 중 가장 많은 부분을 차지하며, 좌우 2개의 반구로 구성되어 있다. 표면의 대뇌피질과 내부의 백질로 구성되어 있으며, 신경세포와 신경교세포들이 모여 있다. 이 중에서 신경세포가 주로 신체활동과 정신활동을 담당하는데, 그 신경세포의 몸체는 주로 뇌의 겉껍질 부분에 모여 있다. 그래서 이 부분을 피질이라고 부르고 약간 회색 기운을 띠고 있어서 회백질이라고도 부른다.

대뇌가 담당하는 것은 감각 기관으로부터 들어온 감각 정보를 분석하고, 운동, 감각, 언어, 기억 및 고등정신기능뿐 아니라 생명 유지에 필요한 각성, 자율신경계의 조절, 호르몬의 생성, 항상성의 유지 등의 기능을 수행한다.

2) 사이뇌(간뇌)

대뇌와 중뇌 사이에 위치하는 여러 신경 구조들의 복합체이다. 사이뇌는 송과체를 포함하는 시상상부, 시상, 자율신경과 연결된 시상하부로 구성된다. 사이뇌는 감각신호를 뇌에 입력하는 신경세포와 뇌의 다른 부분을 연결시켜 주는 감각신호 전달 기관으로 작용하는 역할을 한다.

사이뇌는 구성하는 부위에 따라서 기능이 다른데, 시상상부는 변연계와 뇌의 다른 부분을 연결하는 기능을 하고, 감정 조절에 관여한다. 시상하부는 자율신경계 중추이며 수분대사, 식욕, 수면, 각성주기, 체온조절 등에 관여하고, 호르몬 분비를 조절하는 기능을 한다.

3) 소뇌

머리 뒤쪽에 있는 소뇌는 전체 뇌 용적의 10% 정도를 차지하는 중추신경계의 일부로 대뇌의 뒤쪽 아랫부분에 위치하며 무게는 150g 정도이다. 소뇌는 표면에 있는 자잘한 주름이 많은 것이 특징이다.

소뇌는 평형기관에서 전달된 정보를 바탕으로 몸의 균형을 유지하며, 대뇌피질이 내린 운동 지시가 제대로 이루어지도록 우리 몸의 근육을 선택하여 어느 정도 움직이게 할지를 판단한다. 따라서 소뇌는 우리 몸의 균형을 유지하고 운동 기능을 조절하는 기능을 한다.

4) 중간뇌

뇌의 정중앙에 위치하여 '가운데 골', '중뇌'라고 불린다. 중간뇌는 뇌의 대부분을 차지하고 있는 좌우 대뇌 반구 사이에 끼어 있는 뇌줄기를 구성하고 있다. 중간뇌를 포함하는 뇌줄기는 우리가 보통 '숨골'이라고 부를 정도로 사람의 생명을 유지하고 조절하는 데 중요한 기능을 한다.

중간뇌는 부피 자체는 아주 작지만 중요한 신경과 신경핵 등 필수적인 구조물들이 집약되어 있으며, 시각과 청각 신경이 지나는 곳이다. 중간뇌는 눈의 운동과 눈동자의 크기를 조절하고, 대뇌가 중요한 일에 집중할 수 있게 도와주는 기능을 한다.

5) 다리뇌(교뇌)

중간뇌와 숨뇌 사이 뇌줄기에 존재해 앞쪽으로 돌출되어 있으며, 중간뇌와 숨뇌, 소뇌를 다리처럼 연결하는 역할을 한다.

다리뇌는 얼굴신경이나 갓돌림 신경의 핵이 존재하는 곳이다. 중간뇌의 경우와 마찬가지로 올라가거나 내려가는 다양한 신경섬유의 통로로 소뇌와 대뇌 사이의 정보전달을 중계하며, 숨뇌와 함께 호흡 조절의 기능을 한다.

6) 숨뇌(연수)

숨뇌는 뇌줄기를 구성하는 하나의 부분으로 가장 아래쪽에 위치한 부위로 위로는 다리뇌와 아래로는 척수, 뒤로는 소뇌와 맞닿아 있다. 숨뇌의 앞면 정중선을 중심으로 피라미드라는 융기부가 있고 운동을 담당하는 겉질 척수로 신경 다발의 대부분이 이 곳으로 지나간다.

숨뇌는 호흡과 심장박동 순환을 조절하며 침 분비, 하품, 재채기와 같은 무의식적인 활동을 일으킨다. 또한 숨뇌는 몸의 상태를 일정하게 유지하거나 소화 등을 조절하는 생명 유지 기능을 담당한다.

02. 전두엽

1) 정의

전두엽(前頭葉)은 말 그대로 머리 앞부분이라는 뜻으로 이마엽이라고도 한다. 인간의 뇌는 모든 동물 중 전두엽의 비중이 가장 크며 대뇌피질 중에서 가장 최근에 진화된 부분이며, 다양한 고급 기능을 담당한다.

2) 기능

전두엽은 다른 뇌 부위들과 연결되어 주로 인간의 인지와 정서 기능을 관여하고, 나머지 뇌 부위를 통제하는 기능을 수행한다.

전두엽의 신경세포들이 주로 하는 일은 기억력, 사고력 등을 주관하고 다른 감각기관으로 부터 들어오는 정보를 조정하고 행동을 조절한다.

3) 손상

전두엽 관리기능에 손상을 입게 되면 인지적 측면에서는 판단력, 인지적 유연성, 창의성, 계획성, 추상적 사고 등이 심한 감퇴를 보이고, 주의력 결핍 과잉행동장애 증상(ADHD)이 나타나고, 행동적 측면에서는 적응 행동에 매우 광범위하고 심각한 문제를 보인다. 그리고 정서와 성격에서 극적인 변화가 일어나 무공감, 충동 조절장애, 냉정하고 반성이 없는 폭력성이 나타날 수 있다.

03. 두정엽

1) 정의

두정엽(頭頂葉)은 머리(頭)의 정수리 부분(頂)이라는 의미로 뇌중에서 가장 상층부에 있기 때문에 마루엽이라고도 한다.

2) 기능

두정엽은 신체를 움직이는 기능뿐 아니라 사고 및 인식 기능 중에서도 수학이나 물리학에서 필요한 입체·공간적 사고와 인식 기능, 계산 및 연상 기능 등을 수행하며, 외부로부터 들어오는 정보를 조합하는 역할을 한다.

특히 오른쪽 두정엽은 공간을 파악하는 능력을 가지고 있으며, 공간에서 방향이나 위치를 파악하거나, 시계 바늘의 위치를 보고 시간을 파악하는 기능을 담당한다.

3) 손상

두정엽이 손상되면 위치나 방향 파악이 어렵고, 계산과 연산 기능이 떨어진다. 알츠하이머병에서는 이 두정엽 기능이 비교적 초기부터 저하되는 것으로 알려져 있다.

04. 측두엽

1) 정의

측두엽(側頭葉)은 양쪽 귀의 위쪽인 이른바 '관자놀이' 라고 부르는 부위에 해당하는 영역을 말하기 때문에 관자엽이라고도 한다. 오른쪽 측두엽은 몸의 왼쪽을 통제하고, 왼쪽 측두엽은 몸의 오른쪽을 통제한다.

2) 기능

측두엽은 청각 정보와 후각 정보가 일차적으로 전달되는 영역이며, 기억력, 학습 능력, 언어 능력 등을 담당한다. 왼쪽 측두엽은 언어기억, 단어인식, 읽기, 언어, 감정 등을 담당하며, 오른쪽 측두엽은 음악, 안면인식, 사회질서, 물체인식 등을 담당한다.

3) 손상

측두엽에 손상을 입으면 언어에 대한 이해력이 급속하게 떨어진다. 알츠하이머병과 같은 질병에서는 이 측두엽 부위의 신경세포가 자꾸 죽어서 없어져 기억력이 떨어지고 언어 표현과 이해력이 점차 떨어져 가게 되는 원인이 되기 때문에 치매와 밀접한 관계를 갖고 있는 부분이다.

05. 후두엽

1) 정의

후두엽(後頭葉)은 대뇌의 뒤통수 부분에 해당하는 부위에 해당하기 때문에 뒤통수엽이라고 한다. 후두엽은 대뇌에서 가장 작으며, 후두엽에서 처리된 시각정보는 두정엽과 측두엽 두 갈래의 경로로 나뉘어 전달된다.

2) 기능

후두엽은 주로 시각적인 내용을 파악하는 기능을 가지고 있어 눈에서 온 시각 정보가 모여서 사물의 위치, 모양, 운동 상태를 분석하고 통합하는 역할을 수행한다. 우리가 사물을 보면서 주변의 물건들을 파악하는 것은 후두엽 때문이다.

3) 손상

후두엽에 문제가 생기면 물체를 봐도 눈에 아무런 이상이 없어도, 시각정보를 파악, 분석하지 못하는 시각적 인지 불능 상태가 오게 된다. 또한 친숙한 사람의 얼굴을 알아보지 못하기도 한다.

06. 변연계

변연계(邊緣系)는 대뇌반구의 입구를 둘러싼 부분을 말한다. 변연계는 대뇌 피질과 신진대사와 관련된 호르몬을 조절하는 시상하부 사이에 위치하며, 대개 변연 피질과 해마, 편도체 등을 포함한다.

① 변연 피질 : 변연계를 구성하는 피질로서, 대상 피질이 하나의 주요 요소

② 해마 : 새로운 정보가 들어올 때마다 이를 처리하며, 그 가운데 보관할 정보와 폐기할 정보를 분류

③ 편도체 : 좌반구와 우반구에 하나씩 존재하며 감정을 조절

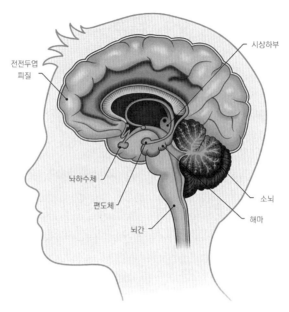

[그림] 변연계의 구조

변연계는 일련의 구조물들을 가리키며 주로 감정, 행동, 욕망 등의 조절에 기여 하며 특히 기억에 중요한 역할을 한다.

제6장
치매 관련 제도

01. 치매 국가책임제

정부는 2017년 7월 치매 국가책임제 공약을 발표하였다. 치매 국가책임제는 문재인 대통령의 대표적인 공약 중 하나로서 급증하는 치매환자의 증가에 따라 이를 개인의 부담으로 돌리기보다 국가가 앞장서서 국가 돌봄 차원으로 격상하여 해결하겠다는 의지를 보인 정책이다.

치매 국가책임제는 치매 예방, 조기 발견, 지속적 치료 및 관리 등을 통해 치매로 인한 사회적, 경제적 비용을 절감하자는 취지로 추진되고 있다. 이를 위해서 구체적으로 치매지원센터 지원, 치매 안심병원설립, 치매의료비 부담완화, 전문 요양사 파견제 도입 등을 확충하는 것으로 되어 있다.

치매 국가책임제 공약 이행의 일환으로, 2018년부터 본격적인 치매 국가책임제의 시행을 위해 총 2,023억 원 규모의 추경예산을 통해 전국 치매안심센터와 치매안심병원을 확충하기로 했다.

2,023억 원의 치매 예산은 구체적으로 치매안심센터를 252개소로 확대하는데 1,230억 원, 치매안심센터의 1개월 운영비 188억 원, 전국 공립요양병원에 치매전문병동 확충에 605억 원이 편성 되었다.

02. 치매 노인 공공후견제

　치매관리법에 따라 모든 지자체는 치매 노인 공공후견제를 실시해야 한다. 노인 공공후견제는 전문직에서 퇴직한 노인이 치매를 앓고 있는 저소득층 노인의 후견인 역할을 맡는 서비스를 말한다. 노인 공공후견제는 치매·독거노인에 대한 지원과 노인 일자리 창출이라는 목적을 가지고 실시하는 제도이다.

　치매 노인 공공후견제도는 치매 국가책임제의 일환으로 정신적 제약으로 의사 결정이 어렵고 금융사기 등 범죄에 취약한 치매 노인의 결정권을 보호한다는 취지다. 그래서 중증 치매를 앓으면서 보호자가 없이 혼자 사는 기초생활수급자 등에게 공공 후견 서비스를 제공한다. 치매환자는 전국 4,400명 정도로 추정된다.

　먼저 각 지자체에 있는 독거노인 종합지원센터와 치매안심센터가 함께 치매환자들을 찾게 된다. 찾아가는 치매 서비스와 검진, 독거노인 안부 확인 등을 활용한다. 여기서 확인된 저소득 치매 노인의 재산관리를 돕고 수술 등 중요한 의료행위를 동의하는 등의 후견인은 전문직에서 퇴직한 노인을 활용한다.

　치매 노인 공공후견제도는 복지부 산하 중앙치매센터가 사업을 지원하는 역할을 맡는다. 지자체가 법원에 후견 심판을 청구할 때

심판청구서 작성을 돕고, 후견인에게 법률 자문을 해주게 된다. 각 지자체는 사업 시행 주체로서 이러한 절차를 총괄 관리한다.

03. 노인 장기요양보험 제도

우리나라는 이미 2,000년에 고령화 사회로 진입하였고, 이후 세계에서 유례가 없을 정도로 빠른 속도로 고령사회를 향해서 치닫고 있다. 이러한 급격한 고령화에 따라 치매나 중풍 등 일상생활이 어려운 노인의 수도 날로 증가하고 있다.

그럼에도 불구하고 장기요양이 필요한 노인을 집에서 돌보기 어려운 것이 지금의 실정이다. 노인의 장기요양 문제는 가정에서 부담해야 하는 비용이 과중하기 때문에 우리가 시급히 해결해야 할 심각한 사회적 문제이자 국가적인 문제이기도 하다.

이와 같은 노인의 간병·장기요양 문제를 해결하고자 사회적 연대 원리에 따라 정부와 사회가 공동으로 해결하는 사회보험 방식으로 노인 장기요양보험 제도를 도입하였다. 노인 장기요양보험 제도는 2007년 4월 노인 장기요양보험법이 제정되어 2008년 7월부터 시행되었다.

1) 노인 장기요양보험 제도의 개념

노인 장기요양보험 제도는 고령화 사회로 급속하게 진전함에 따라 요양보호가 필요한 노인의 생활 자립을 지원함으로써 가족의 부담을 줄여주고, 늘어나는 노인요양비와 의료비 문제에 적절하게 대처하고자 도입된 공적 제도다.

노인 장기요양보험 제도는 고령이나 노인성 질병 등으로 다른 사람의 도움을 받지 않고서는 생활하기 어려운 노인에게 신체활동 또는 가사지원 등의 장기요양급여를 사회적 연대원리에 의해 제공하는 사회보험제도다.

2) 장기요양신청 대상

장기요양신청 대상은 스스로 일상생활이 곤란한 65세 이상 노인과 치매, 뇌혈관성 질환, 파킨슨병 등 노인성 질환을 가진 65세 미만자이다. 신청접수는 국민보험공단 지사에 설치된 장기요양보험 운영센터와 시군구 읍·면·동 주민센터에서 할 수 있다.

신청인의 심신 상태를 조사하여 '장기요양 인정점수'를 산정해 등급을 판정하며, 요양 1~5등급으로 판정받을 경우 장기요양급여 서비스를 이용할 수 있다.

<표> 장기요양 인정점수 산정을 위한 영역별 심신 상태를 나타내는 52개 항목

영 역	항 목		
신체기능 (기본적 일상생활기능) (12항목)	·옷 벗고 입기 ·세수하기 ·양치질하기 ·목욕하기	·식사하기 ·체위변경하기 ·일어나 앉기 ·옮겨 앉기	·방 밖으로 나오기 ·화장실 사용하기 ·대변 조절하기 ·소변 조절하기

인지기능 (7항목)	·단기 기억장애 ·날짜불인지 ·장소불인지 ·나이·생년월일 불인지	·지시불인지 ·상황 판단력 감퇴 ·의사소통·전달장애	
행동변화 (14항목)	·망상 ·환각, 환청 ·슬픈 상태, 울기도 함 ·불규칙수면, 주야 혼돈 ·도움에 저항	·서성거림, 안절부절못함 ·길을 잃음 ·폭언, 위협행동 ·밖으로 나가려 함 ·물건 망가트리기	·의미 없거나 부적절한 행동 ·돈·물건 감추기 ·부적절한 옷입기 ·대소변불결행위
간호처치 (9항목)	·기관지 절개관 간호 ·흡인 ·산소요법	·욕창간호 ·경관 영양 ·암성통증간호	·도뇨관리 ·장루간호 ·투석간호
재활 (10항목)	운동장애(4항목)		관절제한(6항목)
	·우측상지 ·우측하지 ·좌측상지 ·좌측하지		·어깨관절, 팔꿈치관절, 손목 및 수지관절, 고관절, 무릎관절, 발목관절

<표> 노인 장기요양보험 등급판정 기준

등급	심신 기능 상태
1	일상생활에서 전적으로 다른 사람의 도움이 필요한 상태(95점 이상)
2	일상생활에서 상당 부문 다른 사람의 도움이 필요한 상태(75점 이상 95점 미만)
3	일상생활에서 부분적으로 다른 사람의 도움이 필요한 상태(60점 이상 75점 미만)
4	일상생활에서 일정부분 다른 사람의 도움이 필요한 상태(51점 이상 60점 미만)
5	치매환자(45점 이상 51점 미만)

3) 장기요양 급여

장기요양 급여는 6개월 이상 혼자서 일상생활을 수행하기 어렵다고 인정되는 자에게 신체활동, 가사활동의 지원 또는 간병 등의 서비스나 이에 갈음하여 지급하는 현금 등을 의미한다.

장기요양 급여는 재가급여, 시설급여, 특별현금급여로 나뉜다.

〈표〉 장기요양 급여

구분	내용
시설급여	노인 요양시설 및 노인 요양공동생활가정 등에 장기간 동안 입소하여 신체활동 지원 및 심신기능의 유지, 향상을 위한 교육, 훈련 등을 제공하는 장기요양급여
재가급여	방문요양, 방문목욕, 방문간호, 주·야간보호, 단기보호, 복지용구 등 가정을 방문하여 신체활동, 가사활동, 간호 등의 서비스를 제공하거나 주·야간보호시설이나 단기보호시설에서 신체활동 지원 등의 서비스를 제공하는 장기요양급여
특별현금 급여 (가족요양 비)	도서·벽지 등 방문요양기관이 현저히 부족한 지역에 거주하거나, 천재지변이나 그 밖에 이와 유사한 사유로 인하여 장기요양기관에서 장기요양급여를 이용하기 어려운자, 신체 정신 또는 성격 등 대통령령으로 정하는 사유로 인하여 가족 등으로부터 장기요양을 받아야 하는 수급자에게 현금으로 지급하는 제도

04. 주간 보호소

주간보호소는 주간보호센터, 데이케어센터라고도 한다. 데이케어센터를 우리나라 말로 바꾸면 주간보호, 일시보호, 단기보호, 탁로소 등에 해당된다.

1) 주간보호소의 개념

주간보호소는 낮 동안 노인에게 가족 대신 보호서비스를 제공하는 기관을 말하는데, 평소 집에서 돌봐주는 가족이 직장에 나가 일하는 동안이나 돌봐줄 사람이 없는 상태에서 외출을 할 때 노인을 맡길 수 있는 곳이다. 주간보호소의 목적은 주로 만성질환이나 기능장애로 거동이 불편한 노인이 낮 동안 지역사회 시설을 이용하여 일상생활에 필요한 서비스를 제공받으면서 부양가족의 경제적 · 신체적 · 심리적 부담을 경감시켜주는 데 있다.

주간보호소에 치매노인을 맡기고 필요에 따라 급식, 상담, 투약, 여가활동, 재활치료, 건강교육 등의 서비스를 이용할 수 있다. 기관에 따라 주야간 전부 맡길 수 있는 주야간보호센터도 있다.

2) 주간보호소의 종류

노인 주간보호소는 지역사회의 수용시설(양로원, 요양원 등)이나 이용시설(노인복지회관, 사회복지관, 교회 등), 병원, 또는 독립시설 등이 있다.

주간보호소의 이용료는 실비 수준으로 받으며, 주간보호시설은 1일(낮 동안 보호)로 규정하고 있는데 평일에는 오전 7시 30분부터 오후 7시 30분까지, 토요일에는 오전 7시 30분부터 오후 3시 30분까지 이용할 수 있다.

기관에 따라 오후 10시까지나 주야간 이용할 수도 있으며, 자신의 처지에 맞는 선택이 가능하다. 인터넷에서 거주지 가까운 곳을 검색할 수 있고, 주간보호소에서 대부분 차로 노인을 모셔가기 때문에 걱정하지 않아도 된다.

3) 이용대상

- 일상생활 수행능력에 지장이 있거나 노인성 질환이나 노화로 장애가 있는 자
- 일반 질환으로 일시적인 일상생활 서비스가 필요한 자
- 독거노인으로 낮 동안 주간보호 서비스가 필요한 자
- 기타 복지시설장이 주간보호 서비스가 필요하다고 인정한 자

4) 서비스 내용

- 생활지도 및 일상동작훈련 등 심신의 기능회복 및 강화를 위한 서비스
- 급식 및 목욕 서비스

- 취미, 오락, 운동 등 여가생활 서비스
- 지역사회 복지자원 발굴 및 네트워크 구축에 관한 사항
- 지역사회 자원봉사자 등 인적 자원 발굴 사업
- 이용 노인 가족에 대한 상담 및 교육 등

5) 실비 이용자의 이용범위

- 기초생활수급 노인을 우선적으로 보호하되, 시설에 여유 공간이 있고 우선순위 대기자가 없는 경우에는 실비 이용자를 이용 정원까지 수용 가능하다.
- 만일 정원이 충족된 시설에 기초생활 수급 노인이 입소를 신청한 경우 기존 실비 입소 노인 중에서 이용기간, 건강 상태, 소득 등 보호의 필요성을 고려해 퇴소 치매환자를 결정해야 한다. 단 퇴소 준비기간은 최장 3개월을 초과할 수 없다.

6) 이용비용

- 65세 이상의 국민기초생활보호치매환자 노인 무료
- 65세 이상의 저소득 노인 실비 부담
- 서비스 내용과 식비 등을 고려하여 실비징수가 가능
- 이용료는 1인당 4,000~5,000원(특별서비스의 경우: 1회당 1,500원 추가)

05. 단기보호시설

단기보호시설은 부득이한 사유로 가족의 보호를 받을 수 없어 일시적으로 보호가 필요한 심신이 허약한 노인과 장애노인을 시설에 3개월 이하의 단기간만 입소시켜 보호하고 필요한 각종 서비스를 제공하는 기관을 말한다. 현재 단기보호시설은 복지재단, 노인복지관, 주간보호센터, 노인복지센터 등 현재 전국 258곳에서 운영하고 있다.

1) 보호기간

1회 45일, 연간 이용일수는 3개월을 초과할 수 없다. 시설장은 시설 이용신청 시 3개월의 이용제한으로 인해 노인에게 발생할 수 있는 환경적응상의 문제 등을 충분히 고지하고, 장기간의 이용이 예측될 경우 장기요양시설을 이용하도록 하여 노인의 건강에 피해가 생기지 않도록 하여야 한다.

2) 이용대상

- 일상생활 수행능력(Activities of Daily Living; ADL)에 지장이 있는 자

- 노인성 질환이나 노화로 심신의 장애가 있는 자

- 일반 질환으로 일시적인 일상생활 서비스가 필요한 자

- 독거노인으로 낮 동안 주간보호 서비스가 필요한 자
- 기타 복지시설장이 주간보호 서비스가 필요하다고 인정한 자

3) 서비스 내용

- 생활지도 및 일상동작훈련 등 심신의 기능회복 및 강화를 위한 서비스
- 급식 및 목욕 서비스
- 취미, 오락, 운동 등 여가생활 서비스
- 지역사회 복지자원 발굴 및 네트워크 구축에 관한 사항
- 지역사회 자원봉사자 등 인적 자원 발굴 사업
- 이용 노인 가족에 대한 상담 및 교육 등

4) 실비 이용자의 이용범위

- 기초생활수급 노인을 우선적으로 보호하되, 시설에 여유 공간이 있고 우선순위 대기자가 없는 경우에는 실비 이용자를 이용 정원까지 수용 가능하다.
- 만일 정원이 충족된 시설에 기초생활 수급 노인이 입소를 신청한 경우 기존 실비 입소 노인 중에서 이용기간, 건강 상태, 소득 등 보호의 필요성을 고려해 퇴소 치매환자를 결정해

야 한다. 이 경우에도 퇴소에 필요한 충분한 기간을 보장해야
한다. 단 퇴소 준비기간은 최장 3개월을 초과할 수 없다.

  • 시설장은 실비 이용자와 계약할 때 이러한 규정을 충분히
설명해야 한다.

5) 이용비용

  • 65세 이상의 국민기초생활보호치매환자 노인 무료
  • 65세 이상의 저소득 노인 실비 부담
  • 서비스 내용과 식비 등을 고려하여 실비징수가 가능
  • 1일 기준 8,000원(기관에 따라 13,000~14,000원)

06. 노인 장기요양

노인 장기요양은 2005년 9월 정부가 고령화 사회에 대비하기 위해 2000년부터 노인 장기요양을 정책과제로 검토하면서 노인 수발 보험법, 노인수발 보장법안 등을 만들어 법안통과를 위해 국회에서 논의하고 심의하는 과정에서 수발이라는 용어를 '장기요양'으로 변경시켜 2007년 4월에 '노인 장기요양 보험법'이 통과되면서 사용되었다.

이후 사회적 취약계층에 한정되어 있던 치매환자가 장기요양 필요도에 따라 서비스 치매환자가 확대되면서 요양서비스 이용자 수도 급증했다. 이와 더불어 '요양보호서비스'란 개념을 제시하며 돌봄 기능을 의료부분의 간호서비스와 연계하여 제공할 수 있도록 제도가 설계되었다. 돌봄의 대명사로 제시되었던 복지서비스에 건강관리 및 간호처치, 돌봄에 초점을 맞춘 보건의료서비스가 제공되는 체계를 갖추었다.

장기요양기관은 노인을 돌볼 가족이 없거나, 치매노인이 심한 행동장애를 보이거나 완전히 누워 있어 가족의 간호에 한계가 생길 때 사용하는 시설이다.
노인장기요양서비스를 제공하는 시설에는 노인복지법에 명시된 재가노인복지시설과 노인의료복지시설, 그리고 노인 장기요양보

험법에 명시된 재가 장기요양기관의 일종인 방문간호서비스기관
이 있는데, 이를 노인 장기요양보험법에서는 모두 장기요양기관
으로 지칭하고 있다.

　장기요양기관은 요양원, 요양병원, 요양센터, 노인복지센터, 재
활요양병원, 노인병원 등 다양한 기관에서 운영하고 있다. 장기요
양기관은 무료, 유료, 실비 등으로 구분되며, 무료시설은 대개 생
활보호치매환자로 한정되어 있어서 일반인이 이용하기는 어렵다.
장기요양기관은 많은 가족이 꺼리지만 시설에서 전문적인 돌봄을
받으면 가정보다 노인의 상태가 좋아지는 경우도 있다.

07. 치매안심센터

정부는 2008년 9월 '치매와의 전쟁'을 선포한 후 국회는 2011년 8월 '치매관리법'을 제정하여 치매를 안정적이고 효율적으로 관리해나갈 수 있는 기반을 마련했다. 치매 진료의 전문화, 연구·개발, 치매 서비스의 질 관리 등을 추진하고, 전국 규모의 체계적이고 표준화된 치매사업의 확대를 위하여 중앙 단위의 컨트롤타워가 필요하였다. 이에 보건복지부는 2012년 2월 발효된 '치매관리법'에 따라 2012년 5월 분당 서울대학교병원을 '치매와의 전쟁'의 컨트롤타워 역할을 수행할 수 있는 '중앙치매센터'로 지정했다.

• 중앙치매센터 : 분당 서울대학교병원

• 권역치매센터 : 지방 국립대병원에 설치된 노인보건의료센터에 개설

• 치매안심센터 : 전국 보건소의 치매상담실 및 사무실 등을 활용하여 치매 관리사업의 실무적인 일을 수행한다.

- 치매안심센터에 따라 업무의 차이는 있지만 일반적으로 대부분의 치매안심센터에서는 60세 이상 시민에게 치매선별검사를 무료로 실시한다.

- 치매 고위험군에 대하여는 진단검사, 감별검사를 협력병의

원에 의뢰하여 조기질환 발견 및 치료를 관리하고 있다.

- 치매환자치료비 지원 치매환자에 대하여는 월 3만원 이내의 약제비를 지원하여 경제적 부담을 경감하고, 치매재활 프로그램을 통하여 인지능력을 향상시켜 증상완화 및 가족에게 치매환자 간병과 관련한 교육을 실시하여 환자를 이해하고 소통하는 장을 마련한다.

08. 치매상담 콜센터

치매상담 콜센터는 치매환자나 그 가족, 전문 케어제공자, 치매에 대해 궁금한 일반인은 누구나 이용할 수 있으며, 전국 어디서나 국번 없이 '1899-9988'로 전화하면 24시간, 365일 연중무휴로 이용할 수 있다.

전화번호인 '1899-9988'은 '18세 기억 99세까지, 99세까지 88하게 살라'는 의미다.

- 치매에 관한 정보제공
- 치매환자의 치료·보호 및 관리에 관한 정보제공
- 치매환자와 그 가족의 지원에 관한 정보제공
- 치매환자의 가족에 대한 심리적 상담
- 그 밖에 보건복지부장관이 필요하다고 인정하는 치매 관련 정보의 제공 및 상담

상금 300만원

제7장
치매 예방을 위한 심리치료

01. 미술치료

미술치료(art therapy)는 1800년대와 1900년대 초 유럽에서 정신병리 진단의 보조도구로 사용되면서부터 시작되었다. 그리고 산업화의 발달로 인간성 상실이 사회적 문제가 되면서 정신병리적 문제가 본격적으로 연구되었다.

미술치료란 미술이라는 매체를 통해 심리적·정서적 갈등을 완화시켜 원만하고 창조적으로 살아갈 수 있도록 도와주는 심리치료법이다.

미술치료는 미술창작활동을 통해 개인의 심리상태나 정서 상태를 파악하고, 갈등관계의 심리정서적인 요소들을 미술창작활동을 통해 조화롭게 해결하도록 도와줌으로써 병리적인 정신구조의 재편성뿐만 아니라 심리적인 갈등 완화를 도와주는 치료활동이라 할 수 있다.

1) 미술치료의 방법

미술치료는 지금까지 나와 있는 심리치료법 중에서 가장 많은 연구와 임상 결과를 가지고 있는 분야다.

미술치료는 원래 미술적 표현방법과 치료라는 영역이 합쳐지면서 이론이 정립되었다. 따라서 미술치료는 예술치료, 예술요법, 미술치료, 회화요법 등으로 불린다.

미술치료의 진단방법으로는 회화요법, 묘화요법, 그림요법 등 다양하게 사용되고 있으며, 표현방법으로는 그림, 조소, 디자인, 서예, 공예 등으로 사용할 수 있다. 때문에 다른 치료에 비해 다양하게 활용되고 있어 내담자의 상태를 객관적으로 보는 데 효과적이다.

2) 미술치료의 목적

미술치료의 목적은 인간 개인이 가진 사회적 상호관계에서 어려움에 처한 정서적 불안이나 삶의 어려운 상황을 표출하고, 때로는 개인의 내면적인 문제점을 발견하고 해결하여 건강한 사회생활을 영위할 수 있도록 돕고, 때로는 개인의 무의식을 탐구하는 데 있다.

3) 미술치료의 효과

① 노인이 그린 그림 속에는 자신만의 감정과 생활을 반영한 비언어적 표현이 감추어져 있다. 따라서 자유로운 그림 표현을 통해 치매환자는 어려움 없이 자신의 속마음을 거부감 없이 내놓는 동시에 언어가 주는 표현의 어려움과 두려움의 완충제 역할을 해주기 때문에 우울증을 감소시킨다.

② 치매환자가 가질 수 있는 불행한 자기감정이나 고독감을 창조적인 미술치료 활동을 통해 감소시킬 수 있다.

노인은 결과물을 보며 자신이 성취하였다는 뿌듯함과 기쁨을 누리게 되는데, 이러한 감정은 자기효능감을 갖게 함으로써 삶에 대한 긍정적인 시각을 가지도록 한다.

③ 붓이나 펜 등의 미술도구를 사용하면 노인의 굳어진 소근육을 사용하게 하므로 신체적으로도 건강에 도움을 준다.

④ 미술은 평면적이고 입체적인 활동을 통해 시각적 집중력과 발달을 도와줌으로써 공간지각능력을 높인다.

⑤ 미술치료 활동을 집단으로 하면 치매환자가 집단구성원으로서 소속감을 가지고 집단의 공통적 어려움을 공유하게 된다.

또한 자신의 행동을 집단의 피드백을 통해 알게 되므로 타인에게 미치는 서로 간의 행동에 관심을 가지면서 자기 내면의 감정변화에 따른 행동변화에 영향을 미친다.

⑥ 타인에게 자신을 표현하는 데 어려움을 가진 내담자는 그림이라는 매체를 통해 의사소통할 수 있으므로 좀 더 쉽게 원만한 대인관계를 형성할 수 있다.

⑦ 합동으로 작품을 만드는 미술활동에 참여하면 협동의식을 통해 타인의 감정을 인식하고 이해함으로써 적절한 대인관계를 개선시킬 수 있다.

02. 웃음치료

웃음은 유머의 자연스러운 반응으로 상호작용을 가능하게 하는 의사소통의 일종이다. 웃음의 사전적 의미로는 '쾌적한 정신활동을 수반하는 정서반응'이라고 하였으며 여기에는 신체적인 활동을 포함한 변화를 의미한다.

웃음은 긍정적인 웃음과 부정적인 웃음으로 분류된다. 웃음은 대인관계를 형성하며 살아가는 인간의 비언어적인 의사소통의 하나고, 상호관계성에서 웃음이라는 매개를 통해 부정적 관계와 긍정적 관계를 알리는 상징적 도구이기도 하다. 긍정적인 웃음은 대인관계를 보다 친밀하고 협조적인 관계로 만들어주고, 일상생활의 창의적 사고수준을 증진해주는 역할로 업무의 생산성과 결속력을 극대화하는 요소이기도 하다.

웃음치료(laughter therapy)란 웃음을 통해 자신의 신체적·감정적 상태를 표현함으로써 그 과정에서 즐거움을 찾고, 신체적·정신적 잔존 기능을 극대화시킴으로써 자신에게 긍정적인 변화를 가져오는 것을 말한다. 웃음을 통해 건강한 신체적·정신적·사회적 관계를 형성하고, 궁극적으로 인간의 삶의 질을 높이며 행복을 찾을 수 있도록 도와주는 것이라 할 수 있다.

1) 웃음치료의 특징

- 웃음은 스트레스를 없애준다. 웃음은 스트레스의 천적이라고 한다. 실제로 아프다는 생각을 하면 자리에 눕게 되는데, 이때 자리에 눕는 대신 온몸으로 한바탕 크게 웃다보면 혈액순환이 두 배 이상 증가하고 근육이 풀리고 피로가 사라진다.

- 웃음은 즐거운 감정을 불러일으킨다. 우리가 즐거운 감정을 가지면 우리 몸의 기능을 극대화시켜준다. 한바탕 웃으면 침의 분비량을 늘려 소화를 돕고, 웃고 있는 동안에는 위염에도 효과가 있다.

- 혈액순환이 좋아진다. 한바탕 웃으면 혈액순환을 증가시키고, 심장을 튼튼하게 하여 심장마비나 심혈관계 질환을 예방할 수 있다.

- 웃음은 심한 두통이나 허리 통증에 좋다. 웃음치료를 받고나면 적어도 몇 시간 정도는 통증 없이 지낼 수 있다. 웃을 때는 모르핀보다 진통효과가 무려200~300배 강한 엔도르핀과 엔케팔린 등의 진통호르몬이 다량 분비되기 때문이다.

- 면역계가 강해져 암을 예방할 수 있다. 웃음은 항체분비를 증가시켜 우리 몸의 저항력을 강하게 하여 암을 예방할 수 있다.

2) 웃음치료의 효과

- 웃음은 노인에게 즐거운 마음을 만들어주니, 자연스럽게 우울한 마음을 사라지게 하여 우울증을 치료하는 데 탁월한 효과가 있다.
- 웃으면 다양한 호르몬이 분비되는데 이때 집중력을 높여주는 도파민의 분비도 증가함으로써 인지기능을 유지하거나 높이는 데 도움이 된다.
- 웃음을 통해 긍정적으로 세상을 보게 되고, 결국에는 삶 자체를 즐거운 마음으로 살도록 해준다.
- 우울, 불안, 분노, 절망 같은 부정적인 감정이 조금씩 사라지고 세상과의 관계를 정상적으로 유지할 수 있다.
- 혈관계 치매에 나쁜 스트레스를 없애주어 혈관계 치매를 예방할 수 있다.

3) 웃음치료의 실제

① 생수웃음

한 손에는 웃음통을 들고 또한 손에는 웃음 컵을 든 시늉을 하면서 웃음통에 있는 웃음을 웃음 컵에 따르며 신나게 웃다가 물 컵을 입에 갖다 대며 시원하게 물을 마시는 흉내를 낸다.

② 박장대소

손뼉을 크게 치며 웃음은 '하 하 하' 로 크게 길게 배꼽이 빠지도록 웃는다.

③ 책상대소

박장대소와 동일한 방법으로 책상을 두드리면서 웃는다. 발도 함께 구르면서 하면 더욱 효과적이다.

④ 뱃살대소

박장대소와 동일한 방법으로 자기 뱃살을 두드리면서 크게 신나게 웃는다.

⑤ 사자웃음

혀를 길게 내밀고 눈은 뒤집고 두 손은 아랫배를 치고 머리는 도리도리 좌우로 흔들며 크게 소리를 내면서 웃는다. 옆 사람과 서로 마주보고 손은 사자 갈퀴처럼 앞으로 하고 머리를 흔들며 웃는다.

⑥ 거울웃음

손바닥을 거울이라고 생각하고 손바닥을 보며 표정을 지으며 "나는 행복해" "나는 즐겁다", "나는 나를 사랑해" 하며 웃는다. 거울이 앞에 있지 않더라도 언제 어디서나 혼자서 손을 보며 아름답게 미소를 지으며 하하하~ 멋지게 웃어라. 옆의 짝꿍과 함께 거울이 되어 웃어라. 한 사람은 거울이고 한 사람은 웃는다. 거울은 상대가 웃는 표정과 행동, 웃음을 그대로 따라 한다.

⑦ 펭귄웃음

양손을 엉덩이 골반에 손바닥을 펴서 붙이고 엄마 펭귄을 서로 따라다니며 신나게 웃는다. 이때 입 모양을 오므리고 발동작은 보폭을 짧게 움직이며 재미있게 진행하고 아빠 펭귄, 아기 펭귄 순으로 서로 따라다니며 신나게 웃어본다.

⑧ 핸드폰 웃음

때론 힘들고 지쳐 있을 때 통증이 있을 때 핸드폰을 들고 누구하고 통화하는 척하며 신나게 웃는다.

⑨ 칭찬 웃음

서로 가위 바위 보를 하여 진 사람이 이긴 사람을 칭찬하도록 하고 이때 이긴 사람은 답례로 크게 웃어 준다.

⑩ 거울웃음

양손을 가슴 앞에서 거울처럼 펼쳐놓고 거울을 보며 "거울아, 거울아 이 세상에서 누가 제일 예쁘니?" 하고 물어 본 다음 "나"라고 대답한 후 크게 하하하~~~웃은 다음 또 "거울아, 거울아 이 세상에서 누가 제일 예쁘니?"라고 물어 본 다음 "또 나"라고 대답하고 크게 웃음다음 "거울아, 거울아 이 세상에서 누가 제일 예쁘니?"라고 물어 본 다음 " 역시 나"라고 대답하고 더 크게 웃어본다.

⑪ 마음웃기

"나는 행복해", "사랑해"를 외치며 자신의 가슴을 끌어안으며 행복한 미소를 끌어낸다. **'당신은 사랑받기 위해 태어난 사람'** 음악을 틀어 놓는다. 음악을 들으며 자신의 존귀함을 깨닫고 천하보다 귀하고 값진 자신의 존재를 사랑할 수 있는 마음을 갖게 한다.

⑫ 파도타기 웃음

파도타기 웃음은 다양한 방법으로 시도할 수 있는데, 강당에서도 가능하다. 한 사람이 먼저 박장대소를 시작하면 차례대로 박장대소를 한다. 처음 사람은 끝날 때까지 박장대소를 하는 것으로 큰 웃음파도를 맛볼 수 있어 건강한 웃음소리를 이끌어 낸다.

⑬ 샤워 웃음

우리의 몸은 때밀이로 밀지만, 마음의 때를 웃음으로 밀어본다. 두 사람이 한 조가 되어, 부위별로 목욕을 시킨다. 부위별로 웃음을 달리하여 웃음을 끌어올려 준다. 한 사람이 엄마가 되고, 다른 한 사람은 아이가 되어 웃음세수를 시켜줘도 재미있다.

03. 음악치료

음악치료(music therapy)는 환자의 건강을 회복시키기 위하여 음악이라는 매개체를 통하여 개인이 가진 문제를 해결하고 변화를 이끌어내는 치료적인 과정을 말한다.

음악치료의 대상은 정신 장애나 발달 관련 장애를 가진 사람, 알츠하이머병 등 노화와 관련된 질병을 가진 사람, 후천적인 외상으로 고통 받는 사람, 뇌 손상을 입은 사람, 육체적 질환으로 만성적인 고통을 가지고 있는 사람 등이 음악치료의 치매환자가 되며, 건강한 사람도 음악치료의 혜택을 받음으로써 그들의 삶의 질을 높일 수 있다.

1) 음악치료의 방법

음악치료의 표현 방법은 음악듣기, 연주하기, 춤추기 등으로 이루어진다. 음악이 치료적 도구로 사용되는 이유는 음악은 인간행동이며, 리듬은 조직자이며 에너지의 원천이고, 시간의 흐름 속에 존재되는 구조적인 현실이며, 장소와 사람의 수에 크게 구애 받지 않으며 자유롭게 적용될 수 있다.

음악은 정보 운반, 학습, 자극을 유도함으로써 환자의 내면세계를 열리도록 하여 환자의 경향, 선호도, 친숙함, 현재의 기능을 파악하여, 음악을 통한 의미 있는 경험이 일어날 수 있는 치료적 환경을 만들어낸다.

2) 음악치료의 효과

• 노래는 여러 시대의 인생을 반영하고, 노인은 노래를 통해 지나간 그 시절의 일을 회상하게 된다. 따라서 시대별로 유행했던 친숙하고 익숙한 노래를 들려줌으로써 회상을 통해 장·단기기억을 자극하여 젊어서 좋아했던 노래나 음악을 감상하며 회상력과 장기기억력을 증진시킨다.

• 음악은 기억과 정서를 자연스럽게 자극하기 때문에 치매 환자의 마음을 편안하게 이완시키는 데 효과적으로 사용될 수 있으며, 사회적 관계증진과 성취감을 갖게 하여 삶의 존재 가치를 높일 수 있다.

• 그룹 활동으로 노래 부르기를 하면 표현을 통해 서로 교감하면서 사회 통합감을 높인다.

• 간단하고 반복적인 음악을 들려주면 음악을 듣기 위해 집중력과 주의력을 강화시킨다.

• 타악기 연주는 신체기능이 저하된 노인에게 있어 감각운동을 도울 수 있다. 또한 연주과정에서 신체로 전달되는 촉각적 반응과 음색과 공명 등의 청각적 반응을 경험할 수 있다.

• 악기를 연주하면 상지의 소근육 운동 능력을 향상시킬 뿐

아니라 신체 움직임의 강화로 신체 재활에도 효과적이다.

• 타악기 연주활동은 노인의 우울감을 감소시키고 자존감과 자기만족감을 상승시켜 긍정적인 언어를 사용하는 효과를 가져 온다.

3) 음악치료의 실제
① 우울할 때

우울 상태에 빠져 있을 때는 경쾌한 음악에 대한 거부반응을 일으키기가 쉽다. 하지만 우울한 음악은 자신의 기분과 맞기 때문에 쉽게 동조하게 된다. 우울할 때는 먼저 어둡고 슬픈 음악을 듣는 것은 '동질성의 원리'에서 비롯되는 치료 효과를 기대할 수 있다. 현재의 감정 상태와 공감이 될 수 있는 음악을 먼저 들려주고, 그 감정을 충분히 승화시킨 후 밝고 경쾌한 음악을 듣게 되면 우울증에서 벗어 날 수 있다.

▶ 추천곡

·차이코프스키의 '비창', '우울한 세레나데'

·브람스의 '교향곡 1번 C단조 작품 68'

·주페의 '시인과 농부 서곡'

② 불면증이 심할 때

불면이 계속되면 피로 누적 및 눈의 충혈 등 육체적인 질병의 초기 증상이 나타나게 된다. 무엇보다 불규칙한 생활을 조절하면서 심신을 안정시켜줄 수 있는 조용하고 편안한 곡을 듣는다. 처음에는 자장가나 야상곡같이 단순하고 반복적인 음악으로 시작한다. 약간 크다 싶을 정도의 음량에 몸을 내맡겨보다가 조금씩 안정되는 느낌이 들면 볼륨을 줄인다.

▶ 추천곡
·쇼팽의 '야상곡'
·슈베르트의 '자장가'
·모차르트의 '플루트 협주곡'
·멘델스존의 '봄노래'
·우리나라 전통 음악인 사물놀이패의 음악 연주나
낙숫물 소리, 파도·강물 등 자연의 소리

③ 불안할 때

불안할 때는 깊은숨을 통해 긴장을 풀어주면서 편안한 음악을 듣게 한다. 음악은 왈츠와 같이 가벼운 춤곡이나, 자연의

아름다움을 묘사한 경쾌한 곡들이 추천할만하다. 볼륨은 너무
크지 않는 쪽이 좋다.

▶ 추천곡
 ·비발디의 '사계 중 가을'
 ·바흐의 '두 대의 바이올린을 위한 협주곡 2악장'
 ·요한 스트라우스의 '왈츠곡'

04. 독서치료

독서치료(biblio therapy)는 간단하게 독서 자료를 읽거나 들은 후에 토론이나 역할놀이, 창의적인 문제해결 활동 등의 과정을 거치고, 독서 자료로부터 문제에 대한 통찰력을 이끌어내도록 돕는 것이다.

즉 독서치료는 발달이 부족하거나 특정하고 심각한 문제를 가지고 있는 내담자를 대상으로 다양한 문학작품들을 매개로 하여 치료사와 일대일이나 집단으로 토론, 글쓰기, 그림 그리기, 역할극 등 여러 가지 방법의 상호작용을 통해서 자신의 적응과 성장 및 당면한 문제들을 해결하는 데 도움을 얻는 것을 말한다.

1) 독서치료의 방법

독서치료가 다른 일반적인 독서와의 차이는 책을 읽은 후에 구체적인 활동이 반드시 함께 일어나야 한다는 것이다. 독서치료는 정서적으로나 행동 면에서 심하게 문제를 겪고 있는 사람들을 도와주는 개입의 형태로서 특별한 문제에 초점을 둔다. 예를 들어, 치매환자에게 또래관계, 가족관계뿐만 아니라 심지어 치매환자의 문제행동을 치료하는 방법이 되기도 한다.

독서치료에 사용되는 독서 자료는 문학작품, 인쇄된 글, 영화나 비디오 같은 시청각자료, 자신의 일기 등 내담자 자신의 작품 등을 말한다. 독서치료에서의 진단은 독서 자료를 읽은 후에 토론,

글쓰기, 그림 그리기, 역할극 등의 여러 가지 방법의 상호작용 등이 있다.

2) 독서치료의 효과

① 독서 치료는 상담자와 내담자 상호간의 교류를 통해서 자기 성찰을 하도록 도우며, 나아가 자기 자신의 이미지를 정확하게 파악하여 왜곡된 대인관계를 교정할 수 있다.

② 집단 독서치료는 경험의 감정을 표현하는 데 어려움을 가진 노인이 서로에게 자신을 드러내며 이해시키고 공감하게 함으로써 대인관계를 향상시킨다.

③ 책을 읽고 작품을 이해하면서 노후생활을 보다 만족스럽고 성공적으로 이끌어 생활만족도와 삶의 질을 향상시킨다.

④ 경제적 능력과 기동력이 감소되는 노인에게 있어 비용이 저렴하고 접근이 용이하게 적용할 수 있다.

⑤ 책을 읽으면 다양한 단어와 내용을 접하면서 인지기능이 향상된다.

⑥ 책을 읽으면서 작품에 몰입하면 우울증에서 벗어날 수 있다.

05. 동물매개치료

1960년대 정신과 의사였던 보리스 레빈슨(Boris Levinson)은 아동이 진료를 받기 위하여 대기실에서 기다리는 동안 개와 놀면서 치료를 받지 않고도 저절로 회복되는 놀라운 사실을 목격하고 부수적 치료로 동물매개 치료를 적극적으로 활용할 것을 제안하였다.

동물매개치료(animal assisted therapy)는 동물의 자연스러운 행동이나 표정이 사람의 마음을 융화시키는 신기한 매력을 가지고 있기 때문에 동물을 매개로 사람과 사람 사이의 커뮤니케이션을 활성화해 삶의 본질이나 활력을 되찾는 것을 치료에 이용하는데, 이를 애완동물치료(pet therapy)라고도 한다.

동물매개치료는 특정한 기준에 맞는 동물이 인간의 신체적·사회적·정서적·인지적 기능을 향상시키거나 이와 관련된 문제를 치료하는 것이라고 할 수 있다.

동물매개치료는 교육적이고 오락적 유익을 제공하여 삶의 질을 향상하는 기회를 제공하는 동물매개활동(animal assisted activities)과는 차이가 있다. 특별히 훈련된 특정기준에 도달한 전문적·준전문적, 그리고 자원봉사자들에 의해 다양한 환경에서 이루어지고 있다.

1) 동물매개치료의 목적

동물매개치료의 목적은 인간과 가장 감성적으로 접근 가능한 동물로 정신질환, 지체장애 등을 치료하는 데 있다. 또한 동물매개치료에서 이용하는 동물은 장애인이나 노인에게 서비스를 제공하기도 한다.

운동량이 부족한 사람들에게 반려동물은 놀이 및 산책을 함께 할 수 있게 하고, 규칙적인 식사준비 및 기타 일상생활에 소홀한 독신이나 노인에게도 보다 규칙적인 생활을 할 수 있도록 도움을 주어 건강증진에 긍정적인 효과를 주며, 스트레스 유발을 최소화시킬 수 있다.

2) 동물매개치료의 효과

① 동물매개치료는 주변에서 쉽게 접할 수 있는 애완동물을 기르고 보살피면서 자연스럽게 정서 발달 및 사회성 증가가 이루어진다.

② 애완동물을 기르면서 애착이 형성되어 건강하고 긍정적인 심리발달에 도움이 되어 우울증에서 벗어날 수 있다.

③ 동물을 돌보면서 동물의 욕구를 이해하려는 과정을 통해 타인을 이해하려는 감정이입 행동이 나타남으로써 정서가 발달하고 사회성이 증가한다.

④ 애완동물을 키우면 어린 시절의 애완동물에 대한 추억에

잠기게 하는 회상력과 장기 기억력 향상에 도움이 된다.

⑤ 동물매개치료는 자기효능감이나 자신감 같은 긍정적 정서를 증가시켜 심리적인 효과를 얻을 수 있다.

⑥ 인간과 동물의 상호작용은 인간의 건강에 긍정적인 효과를 나타내는데, 심장 장애의 위험 감소, 혈압 저하, 일반적으로 전반적인 건강증진 같은 신체적 효과가 나타난다.

06. 이야기치료

이야기치료(narrative therapy)는 어떤 사물이나 사실, 현상에 대하여 일정한 줄거리를 가지고 말하는 것으로 치료하는 것을 말한다.

이야기치료는 어떤 예상이나 선입관도 없이 사람이 자신의 경험과 상상력을 활용하여 다른 사람이 언어화한 경험을 해석하려고 노력하는데서 치료가 이루어진다. 다시 말하면 이야기치료는 자신의 경험에 의미를 부여하는 해석과정 자체에 초점을 둔다고 할 수 있다.

1) 이야기치료의 특징

이야기치료는 이야기가 사람을 변화시키는 힘이 있다는 것을 전제로 하고 있다. 따라서 이야기치료는 내담자와 치료사가 직접 대화를 통해 이야기를 만들어가는 과정을 통해 치료를 한다. 즉 이야기치료는 이야기를 만들어가는 과정을 통해 문제를 해결하거나 상처가 치료되는 것이다.

언어에 의존하고 있는 이야기치료가 효과를 얻기 위해서는 내담자가 사용하는 언어가 치료자가 이해할 수 있는 것이어야 한다. 그래야 치료자는 내담자의 이야기를 듣고 수용할 수 있으며, 그에 맞는 치료를 제공할 수 있기 때문이다.

이야기치료의 목표는 문제해결보다 내담자가 자신의 경험을 이야기하면서 스스로 자신이 가지고 있는 문제를 깨닫고, 문제해결의 실마리를 찾을 수 있도록 도와주는 데 의미가 있다. 더 나아가 치료자가 내담자에게 다양한 문제해결 방안을 제시해주면 내담자는 그 중에서 가장 합리적인 것을 선택할 수 있도록 도와주어야 한다.

2) 이야기치료의 효과

① 개인이 가지고 있는 문제를 해결해준다. 노인 자신이 가지고 있던 문제를 자연스럽게 이야기를 하다 보면 풀리게 되는 경우가 많다.

② 스트레스가 해소된다. 평소에 제대로 표현하지 못했던 것을 충분히 표현하면 스트레스가 해소되면서 시상하부와 교감 신경계가 안정돼 혈액순환을 비롯한 각종 신진대사가 안정적으로 이루어진다.

③ 친밀감을 제공한다. 다른 사람들에게 자신의 이야기를 하다 보면 서로 이해심이 많아지고 인간관계도 좋아진다.

④ 이야기치료는 사람들에게 말을 할 수 있다는 것만으로도 외로움에서 벗어날 수 있고, 우울증에서 벗어날 수 있다.

⑤ 이야기치료는 비용이 전혀 들지 않고 어디서든 할 수 있어 매우 효율적인 치료법이다.

07. 글쓰기치료

글쓰기치료(journal therapy)는 정신적·육체적·정서적·영적으로 더 나은 건강과 행복을 위하여 반성적인 글쓰기를 사용하는 치료방법이다. 그러나 아무 글이나 글쓰기를 한다고 해서 치료효과가 있는 것은 아니다.

1) 글쓰기치료의 방법

글쓰기치료를 하려면 내담자에게 상처가 되었던 과거의 사건을 글로 자세히 묘사하고 그때 느꼈던 감정과 그 사건을 보는 현재의 느낌을 함께 쓸 때 치료의 효과가 커진다. 글쓰기를 할 때 꼭 이야기되었어야 할 사건들이 전개되면서 거기에 얽혀 있던 모호한 감정이 의미 있는 감정으로 재구성된다.

글쓰기를 통해 감정과 사건, 지금의 감정과 그때의 사건을 통합하는 과정을 거치면서 감정을 다스릴 수 있어야 치료가 된다. 글쓰기치료는 표현예술치료 쪽에서도 활용되고 있고 미국에서는 매우 활성화되어 있다.

글쓰기치료에는 서신왕래, 일기쓰기, 창의적 글쓰기, 시, 구조화된 글쓰기, 수필쓰기 등의 방법이 있다.

2) 글쓰기치료의 주의사항

글쓰기치료를 할 때 주의할 점은 문법이나 작품의 완성도를 보는 것이 아니라 내담자의 경험과 내면의 감정을 솔직하게 표현하는 데 초점을 두어야 한다. 글쓰기치료는 조금만 지도를 받으면 매우 값싸고 시공간의 제한이 없다는 장점이 있지만, 내담자의 상처를 반복해서 자세히 꺼내기 때문에 고통을 줄 수 있다는 단점이 있으니 주의해야 한다.

3) 글쓰기치료의 효과

① 글을 쓰는 동안 생각을 해야 하기 때문에 감정충돌을 완화시켜 주고 자기효능감을 높여준다.

② 글을 쓰면서 반성적인 사고를 하고 문제해결 능력 또한 향상된다.

③ 글을 쓰는 일에 몰두해야 하기 때문에 집중력이 높아지며 우울증이 감소한다.

④ 글쓰기에 집중하면 긴장을 해소시켜 스트레스를 줄여준다.

⑤ 글쓰기를 완성했을 때 성취감을 느끼며 자기효능감도 증진된다.

⑥ 노인이 일기를 쓰면 학습 및 기억 능력, 주의집중 능력, 성격 및 정서 기능, 언어 관련 능력, 시공간적 지각 및 구성 능력, 실행 기능 등의 중요한 인지기능이 유지되고 향상된다.

⑦ 글을 쓰면 감수성이 풍부해지고, 하루 일과를 정리함으로써 계획성 있는 생활습관을 유지할 수 있다.

08. 시치료

시(詩)는 꿈과 같이 인간의 무의식에 가장 가까운 언어로, 시의 이미지, 상징, 리듬, 운율 같은 요소가 우리 내면세계로 통하는 문과 같은 역할을 한다. 이러한 의미에서 시치료(poetry therapy)는 문학작품 중에서 주로 시를 가지고 치료를 하는 것이다. 따라서 독서치료보다 그 매체가 한정되어 있지만 미국에서는 거의 독서치료와 동의어로 쓰일 정도로 대중적이다.

1) 시치료 방법

독서치료에서도 시를 치료에 사용하는데 이는 용도가 다르다. 즉 독서치료에서 사용하는 시는 심미성에 초점을 맞추는 것이 아니라 내담자의 내면의 세계를 표현하는 데 관심이 있다. 반면에 시치료에서 사용하는 시는 내담자의 가장 깊은 내면을 시의 형태로 표현하도록 도와서 카타르시스와 통찰이 일어나도록 하는 것이다.

시치료의 과정을 보면 시를 통해 내담자는 자신을 객관적으로 표현하고 그 속에서 자신을 돌아볼 수 있는 것이다. 시치료의 대상은 특별히 정해져 있지 않지만 외롭거나 대인관계가 제한되어 있는 환자에게 효과적이다. 특히 전에 시를 써봤거나 좋아했던 사람에게 더욱 적합하다. 그러나 자신의 생각이나 감정을 꺼내놓는 것을 좋아하지 않는 환자에게는 도움이 되지 않는다. 특히 기질성 정신장애 환자나 반사회적 인격장애 또 급성정신병 환자에겐 시치료를 적용시키지 않는 것이 좋다.

치료자는 환자 자신을 탐색하고 표현할 수 있는 시에 관심을 가지고 가능한 한 시의 특성이나 원리를 가장 효과적인 방법에 적용시키는 것이다. 시치료에 나오는 시는 문학적 작품성이 중요한 것이 아니라 감정표현이 잘 이루어졌는지를 판단하고, 감정공유가 잘 이루어지는지를 관찰하는 일이 중요하다. 시를 쓰든지, 잘 알려진 시를 읽든지, 치료시를 처방하든지 간에 환자로 하여금 그 자신을 더 잘 내보이도록 하는 데 중점을 둔다.

2) 시치료의 효과

① 시작품은 이미지(심상)나 느낌을 자극해서 감정을 불러일으키고 정서적으로 풍부하게 해준다.

② 시로 인해 일상생활 중의 작은 아름다움들을 느끼게 되어 드디어는 자기 자신을 제대로 인식함으로써 자기효능감을 증가시킨다.

③ 시를 읽으면서 시에 대한 이해를 하다보면 자기 자신에 대한 이해가 증진되어 우울증에서 벗어날 수 있다.

④ 시를 읽으면 시에 나오는 다양한 소재를 이해하는 이해심

은 자신을 관대하게 만들고, 대인관계를 증진시킨다.

⑤ 일상적으로 만날 수 있는 구체적인 대상들을 시작품에서 접하면서 구체적인 이미지와 정보를 현실에 적응하는 능력이 높아진다.

09. 요리치료

요리치료(cooking therapy)는 개인이 가지고 있는 성격장애, 정신질환, 발달장애, 노인질환, 정신지체, 신체장애, 행동장애 등 다양한 정신적인 외상들이 요리활동을 통해 표현함으로써 개인이 지니고 있는 긴장과 불안을 해소하며, 개인이 가진 정신적이고 신체적인 문제를 극복하고 해결하는 데 도움을 주는 심리학의 치료 방법 중 하나다.

1) 요리치료의 방법

요리를 통해 심리치료가 가능한 것은 요리를 하는 과정과 만들어진 요리가 우리 내면의 정신세계와 외면의 현실세계를 구체적으로 표현해주고, 또 그것을 먹을 수 있기 때문에 요리치료는 다른 어떤 치료에 비해 강력한 치료적 성격을 가지고 있다.

과거에는 먹고 살기 위한 생존적 차원의 요리였으나, 지금의 요리는 인생을 즐기기 위한 방편으로 여긴다. 따라서 요리는 그 자체로서만 해도 인간에게 영원히 흥미를 줄 수밖에 없는 것이며, 생존을 위해 누구도 빗겨 나갈 수 없는 것이다.

요리는 누가 가르치지 않아도 기본적으로 습득하는 기능이기도 하고, 취미나 특기, 그리고 직업으로서도 각광받고 있는 분야이기도 하다. 결국 요리치료는 개인적으로 다들 흥미를 가지고 있기 때문에 즐거운 분위기에서 적극적으로 이루어진다는 것이 쉽게 접근할 수 있는 교육이자 치료이기도 하다.

요리치료를 통해 심리치료를 할 수 있는 이유는 요리는 인간의 생리적 욕구를 충족시키는 중요한 통로이며 생활의 한부분이기 때문이다.

더욱이 매일 먹는 요리재료들은 자신의 심상을 표현해놓은 것이기도 하다. 하지만 요리는 생명을 유지하기 위한 활동이기도 하다. 그러나 자신의 상상력과 경험을 바탕으로 이루어진다는 데서 다른 치료와 근본적으로 다르다고 할 수 있다.

2) 요리치료의 진단

- 요리치료 활동을 하면서 대근육의 발달 정도와 근력상태를 진단할 수 있다.
- 요리치료를 통해 노인의 언어능력 수준을 진단할 수 있다.
- 요리치료를 통해 노인의 인지능력을 진단할 수 있다.
- 요리치료를 통해 노인의 사회적 능력을 진단할 수 있다.
- 요리치료를 통해 노인의 정서 상태를 진단할 수 있다.
- 요리활동 자체가 진단의 대상이 될 수 있다.

3) 요리치료의 효과

① 요리치료에는 노인의 기쁨, 슬픔, 불안, 좌절, 공포, 분노 등 모든 감정이 표현되는데, 이러한 감정표출을 통해 노인의 정서 부적응이나 기타 문제행동이 자연스럽게 치료된다.

② 자신이 가진 문제의 불안과 긴장을 해소시킨다. 요리치료의 이론적 근거는 노인이 요리치료를 통해서 자연스럽게 자신의 심리적 문제를 표현한다는 데 있다.

즉 심리적으로 문제를 지닌 노인에게 요리치료를 시키면 노인은 스스로 자연스럽게 요리치료를 통해 자신의 문제를 표현하면서 문제의 불안과 긴장을 해소시킨다는 것이다.

③ 자신이 가진 문제를 스스로 극복하게 해준다. 차츰 자신의 문제에 대한 통찰력을 갖는데, 이러한 통찰은 노인에게 좀 더 긍정적이고 적극적인 방향으로 문제에 대응하도록 이끌어줌으로써 결과적으로 문제를 스스로 극복하게 해준다.

예를 들어 자신감을 상실해서 무엇이든 자신이 없다고 생각하는 노인이 간단한 요리를 만들어냄으로써 자신감이 생겨 자신의 가치에 대한 새로운 생각으로 성공에 대한 강한 신념을 갖는 것이다.

④ 정화를 해준다. 요리치료는 노인이 겪는 일상의 경험과 앞

으로의 생활을 재구성함으로써 노인이 본래 가지고 있는 가장 자연스러운 자기치료의 수단이 된다.

예를 들면 편식이 심한 노인이 요리치료를 하면서 평소 자신이 싫어하던 음식에 대한 인식이 바뀌게 되는 것이다.

⑤ 정서적으로 안정감을 갖는다. 요리치료는 재료를 가지고 조리법에 따라 요리를 만들기 때문에 일정한 시간이 소요된다. 따라서 인내력이 길러져 정서적 안정감을 유지할 수 있다.

⑥ 신체기능을 회복시켜준다. 요리치료는 질병이나 장애, 혹은 노화로 손상된 개인의 정신건강과 신체건강을 복원시켜주고 향상시켜 준다.

예를 들어 심한 우울증으로 대인관계를 유지하거나 집중력이 현저히 떨어져 직장생활을 제대로 수행할 수 없는 사람에게는 요리치료를 통해 이전의 기능으로 회복시켜주는 것이다. 또한 손을 잘 쓰지 못하는 사람에게는 요리를 통해 원래대로 신체기능을 치유하는 기능을 수행할 수 있다.

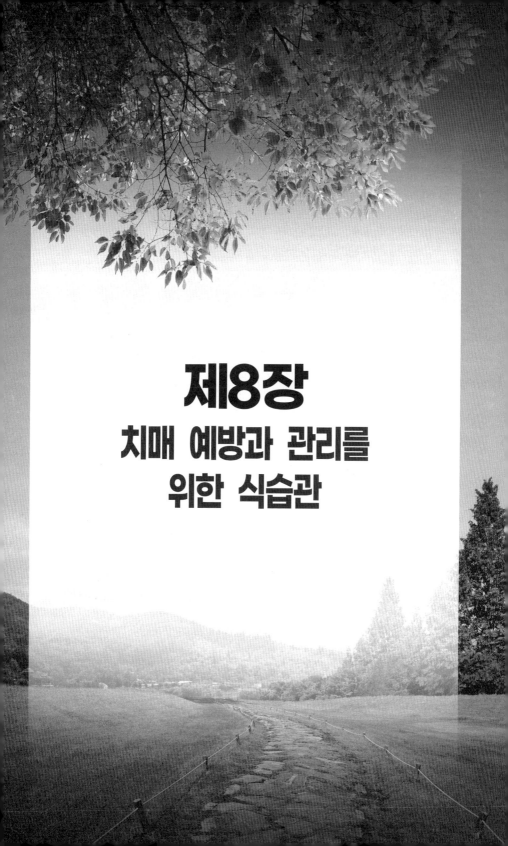

제8장
치매 예방과 관리를 위한 식습관

01. 치매 예방과 음식

음식을 먹지 않으면 생명을 유지하기 어려울 뿐만 아니라 결국에는 사망에 이르게 된다. 뿐만 아니라 식생활은 사람의 인체에 미치는 영향은 매우 크다. 음식은 우리 생명을 유지할 뿐만 아니라 뇌의 건강에도 지대한 영향을 미친다.

치매는 기억력부터 시작해서 대뇌의 기능 전체가 서서히 점차 소실되어 간다. 인간에게 육체만 건강하다고 해서 오래 사는 것이 중요한 것이 아니라, 뇌도 건강하게 유지해야 행복한 장수를 누릴 수 있다. 뇌가 신체보다 먼저 기능을 못한다면 우리의 삶은 비참하게 변하게 된다.

고령화 사회가 도래함과 동시에 노인성 치매가 증가함에 따라 두뇌의 노화를 방지하는 방법에 대하여 초미의 관심사가 아닐 수 없다. 뇌를 연구하는 사람들은 인간의 뇌세포는 125세까지 산다고 한다. 그러나 현실적으로는 뇌동맥경화나 뇌일혈이나 뇌혈전증 등 뇌혈관의 질병에 의해 뇌세포의 활동이 떨어지고, 그 수명이 현저하게 단축되어 사고력이 저하돼 노인성 치매가 나타나고 있다.

지금까지 밝혀진 연구에 의하면 뇌혈관을 노화시키고, 뇌세포의 활동을 저하시키고 있는 주된 원인이 바로 우리의 식생활에 있다는 것이다.

두뇌의 기능, 지능은 근육과 마찬가지로 인지 훈련을 통해서 향상되는 것으로 보고되고 있다. 또한 두뇌의 활성화에 있어서 가장 중요한 것은 올바른 영양을 섭취하는 것이다. 두뇌도 육체와 마찬가지로 영양을 공급받지 않으면 성장은 물론 제대로 기능을 유지할 수 없게 된다. 따라서 두뇌 기능 유지에 식습관은 큰 영향을 준다고 할 수 있다.

실제로 두뇌의 기능을 높이는 영양소들이 많이 들어 있는 호두, 등푸른 생선, 콩, 해초류 등의 식품은 뇌의 기능을 활성화하거나 기능을 유지하는데 도움이 되는 것으로 알려져 있다.

특히 혈관성 치매는 기름기가 많은 육식 중심의 식생활에서 오는 콜레스테롤의 증가나 염분이 많은 식생활로 육체와 뇌세포의 노화를 촉진하고 있는 요인으로 등장했다. 콜레스테롤의 증가는 뇌혈관을 좁아지게 하여 피의 흐름이 어려워져 영양공급이 제대로 되지 못하는 것으로 알려져 있다.

이밖에도 고혈압이나 알코올, 비만, 당뇨병, 중풍, 몸에 해로운 식품첨가물 등도 치매를 일으키는 위험 인자이다. 치매를 일으키는 위험인자는 잘못된 식습관에 의해서 만들어지는 경우가 대분이다. 따라서 치매는 우리가 먹는 음식이 지대한 영향을 끼치는 것을 알 수 있다.

[그림] 콜레스테롤이 낀 혈관

02. 치매예방을 위한 영양관리

치매를 앓는 노인들을 살펴보면 대부분 영양실조인 경우가 많다. 치매노인은 노화로 인해 영양소 대사 능력이 감소되어 있고 여러 가지 신체적 질병을 함께 가지고 있을 가능성이 많기 때문에 치매환자는 어떤 환자보다도 영양관리가 중요하다.

현재 음식과 식습관을 고치는 것으로 치매를 예방하는 연구들이 이뤄지고 있다. 명확한 사실관계는 더 규명되어야 하겠지만 여러 가지 실험을 통해서 치매에 좋은 음식과 치매를 예방하는 식습관을 통해 치매를 관리하는 사람들은 그렇지 않은 사람들에 비하여 치매의 위험을 줄이는 결과가 실제로 나타나고 있다.

따라서 치매를 예방하고 치매를 지연하기 위해서는 치매예방에 좋은 음식과 치매를 예방하는 식습관을 생활화해야 한다.

노인들에게 5대 영양소(단백질, 칼슘, 무기질과 비타민, 당질, 지방)는 노인들의 건강을 유지하고 치매를 예방하기 하는 데 반드시 필요한 영양소이다. 5영양소 중 탄수화물, 단백질, 지방은 신체의 에너지원으로 활용된다. 그 외에 미네랄, 비타민, 물은 신체의 신진대사를 돕는 영양소들이다. 치매를 예방하기 위해서는 5대 영양소를 균형적으로 섭취해야 한다.

노인들이 섭취해야할 영양소는 활동이 왕성한 성인의 75~
80%수준으로 섭취를 해야 한다.

　　치매 증상이 나타나면 자신이 무엇을 섭취했는지, 식사를 했는
지를 모르기 때문에 영양관리는 더욱 필요해진다. 영양이 충분해
야 우리 몸이 최대한 기능을 유지할 수 있지만, 영양이 부족하면
건강도 나빠지면서 합병증은 물론 치매가 더욱 빨리 찾아오게 된
다. 치매를 예방하기 위해서는 우리 몸의 기능을 최대한 유지하기
위해서 영양관리가 필요하다.

03. 치매환자와 영양 공급

치매를 앓는 노인들을 살펴보면 대부분 영양실조인 경우가 많다. 치매노인은 노화로 인해 영양소 대사 능력이 감소되어 있고 여러 가지 신체적 질병을 함께 가지고 있을 가능성이 많기 때문에 치매환자는 어떤 환자보다도 영양관리가 중요하다.

현재 음식과 식습관을 고치는 것으로 치매를 예방하는 연구들이 이뤄지고 있다. 명확한 사실관계는 더 규명되어야 하겠지만 여러 가지 실험을 통해서 치매에 좋은 음식과 치매를 예방하는 식습관을 통해 치매를 관리하는 사람들은 그렇지 않은 사람들에 비하여 치매의 위험을 줄이는 결과가 실제로 나타나고 있다. 따라서 치매를 예방하고 치매를 지연하기 위해서는 치매예방에 좋은 음식과 치매를 예방하는 식습관을 생활화해야 한다.

노인들에게 5대 영양소(단백질, 칼슘, 무기질과 비타민, 당질, 지방)는 노인들의 건강을 유지하고 치매를 예방하기 하는 데 반드시 필요한 영양소이다. 5영양소 중 탄수화물, 단백질, 지방은 신체의 에너지원으로 활용된다.

그 외에 미네랄, 비타민, 물은 신체의 신진대사를 돕는 영양소들이다. 치매를 예방하기 위해서는 5대 영양소를 균형적으로 섭취해야 한다. 노인들이 섭취해야할 영양소는 활동이 왕성한 성인의 75~80%수준으로 섭취를 해야 한다.

치매 증상이 나타나면 자신이 무엇을 섭취했는지, 식사를 했는지를 모르기 때문에 영양관리는 더욱 필요해진다. 영양이 충분해야 우리 몸이 최대한 기능을 유지할 수 있지만, 영양이 부족하면 건강도 나빠지면서 합병증은 물론 치매가 더욱 빨리 찾아오게 된다. 치매를 예방하기 위해서는 우리 몸의 기능을 최대한 유지하기 위해서 영양관리가 필요하다.

치매노인의 능력에 따라 스스로 식사를 할 때는 문제가 되지 않지만 점차 혼자 식사하기가 어려울 때는 떠먹여주어야 한다. 씹지 못하거나 삼키기 어려우면 튜브로 식사를 공급해야 하는 경우도 있다. 잘 삼키지 못하는데 억지로 먹이면 음식이 기도를 막아 위험해질 수 있다.

① 치매환자의 식사 섭취량의 저하로 생기는 영양장애와 과식으로 생기는 비만을 주의해야 한다. 노인에게 필요한 하루 열량은 1500~1600kcal이므로 열량을 고려한 식단을 제공해야 한다.

② 메뉴와 식사 시간은 평소와 같이 하며 큰 변화를 주지 않는 것이 좋다.

③ 과식하거나 배고픔을 호소하는 것은 시간 개념의 상실로 인해 식사하는 것을 잊거나 심리적인 불안감으로 인해 나타나는 증상일 수 있다.

④ 간단한 음식을 함께 만드는 기회를 제공하여 손과 머리를 쓰는 일을 한다.

⑤ 식사를 거부할 때는 몸의 상태가 나빠지지 않았나를 충분히 살펴보고, 원인을 규명한다.

⑥ 먹을 것을 과도하게 요구할 때는 무시하거나 야단치지 말고, 잘 설득하고 그래도 안 되면 과식하지 않는 범위 내에서 음식을 주는 것이 좋다.

⑦ 수시로 밥을 달라고 떼를 쓸 때에는 식사량이 많아 지지 않도록 소량씩 여러 번 준다.

⑧ 식사를 거부할 때는 억지로 먹이려고 하지 말고 입안에 상처가 있는지 확인하고 30분 쯤 지나 다시 식사를 권해본다.

⑨ 이가 없는 경우에는 주식은 부드러운 밥으로 하며, 반찬은 좀 더 잘게 썬다든가 으깨서 먹도록 도와준다.

04. 치매예방 식단

식품 구성탑이란 식품을 다섯 가지 군으로 분류하여 균형 있는 식사를 계획하여 섭취할 수 있도록 만든 표이다. 식품 구성탑에 의거하여 하루 식단을 구성하여 제공하면 가장 건강을 유지하는 식사를 제공할 수 있다.

1) 1층 : 곡류 및 전분류

밥, 국수, 식빵, 시리얼, 떡 등의 곡류 및 전분류는 운동을 하는 데 필요한 에너지를 만들고 소화를 돕는 일을 하지만 적게 먹으면 체중이 줄고 몸이 허약해지지만 과잉 섭취 시에는 비만을 가져온다. 노인에게는 1일 식사 때마다 밥 1공기(210g), 국수 1대접(90g), 식빵 3조각(100g) 중에서 선택해서 제공하는 것이 적당하다.

2) 2층 : 채소 및 과일군

시금치나물, 콩나물, 김치, 느타리버섯, 물미역, 감자, 귤, 토마토 등의 채소 및 과일군은 우리 몸 각 부분의 기능을 조절해 주고 질병을 이길 수 있는 에너지를 준다. 부족할 때에는 피로를 느끼고 무기력해진다.

노인에게는 1일 식사 때마다 생야채(60g), 김치(60g), 과일(100g), 과일주스(½컵)중에서 선택해서 제공하는 것이 적당하다.

3) 3층 : 고기·생선·계란·콩류군

고기, 닭, 생선, 두부, 계란 등의 콩류군은 우리 몸의 피와 살을 만들고, 뇌의 발달을 돕는다. 부족할 때에는 운동을 하기 어려우며 쉽게 기력이 떨어진다. 노인에게는 1일 식사 때마다 생야채(60g), 김치(60g), 과일(100g), 과일주스(½컵)중에서 선택해서 제공하는 것이 적당하다.

4) 4층 : 우유 및 유제품류

우유, 치즈, 호상요구르트, 액상요구르트, 아이스크림 등의 우유 및 유제품 은 우리 몸의 뼈와 이를 튼튼하게 하고, 신경을 안정시켜 준다. 부족할 때에는 뼈가 약해진다.

노인에게는 1일 식사 때마다 우유 1컵(200g), 요구르트 1컵, 치즈 2장 중에서 선택하여 제공하는 것이 적당하다.

5) 5층 : 유지·견과 및 당류

식용유, 버터, 마요네즈, 탄산음료, 설탕 등의 유지 및 당류군은 우리 몸에서 힘을 내고 체온을 유지시켜준다. 당류는 과잉 섭취 시에는 비만이 생기고 당뇨병의 원인이 된다.

치매를 예방하기 위해서는 오메가3나 올리브유 같은 기름의 섭취가 필요하다. 뿐만 아니라 뇌의 기능을 활성화를 돕는 견과류를 지속적으로 먹는 것이 좋다.

5층 : 유지·견과 및 당류

4층 : 우유 및 유제품류

3층 : 고기·생선·계란·콩류

2층 : 과일 및 채소류

1층 : 곡류 및 전분류

[그림] 식품 구성탑

식품 구성탑에 근거하여 치매예방과 지연을 위하여 식단을 구성할 때는 다음에 유의하는 것이 좋다.

① 식사는 식이섬유가 많은 현미나 잡곡, 콩이 들어간 밥을 제공하는 것이 좋다.

② 국은 된장, 두부, 미역이 들어간 조리로서 소금의 양을 적게 하여 심심하게 조리하여 제공한다.

③ 반찬에는 계란이나 생선, 다진 고기, 콩을 사용하여 씹기가 좋은 반찬을 제공하는 것이 좋다.

④ 반찬에는 반드시 채소가 들어가 있는 반찬을 한 가지씩 제공한다.

⑤ 간식으로는 매일 과일, 요구르트, 고구마, 견과류 등을 제공한다.

〈표〉 치매예방과 지연을 위한 식단

구 분	내 용
밥	현미와 잡곡 또는 곡류를 포함한 밥 이가 약해 씹기가 어려운 분들에게는 죽으로 제공 식이섬유와 비타민 등 무기질 제공
국	된장, 두부, 미역이 들어간 조리 소금의 양을 적게 하여 심심하게 조리
반찬	계란이나 생선, 다진 고기, 콩을 사용하여 씹기가 좋은 반찬
반찬	채소를 이용하여 오래 두고 먹어도 되는 김치나 나물류를 이용한 반찬
간식	과일, 요구르트, 고구마, 견과류

05. 치매예방에 좋은 지방과 비타민

1) 지방

① 올리브유는 뇌혈관 질환 예방과 기억력 증진에 도움이 된다.

② 리놀레산은 푸른잎채소, 견과류, 아마씨 등에 풍부하다.

③ 오메가3지방산은 정어리, 참치, 고등어, 꽁치, 삼치, 연어 등에 풍부하다.

④ DHA는 참치, 고등어, 꽁치, 장어, 정어 등에 풍부하다.

2) 비타민

① 비타민 B는 뇌 혈류량을 증가시켜 뇌세포의 건강을 돕는 대표적 영양소다.

② 비타민 B_1 은 생선, 살코기, 우유, 닭고기, 현미, 보리, 통밀, 해바라기씨, 잣 등에 풍부하게 함유되어 있으며, 뇌의 유일한 에너지원인 포도당을 연소시키는 작용을 한다.

③ 비타민 B_2 는 쇠고기, 돼지고기, 콩류, 견과, 간, 우유 등에 많으며, 뇌의 대사활동에 필수요소로서 기억력 감퇴를 예방한다.

④ 비타민 B_{12}의 결핍은 기억력을 퇴화시킬 수 있다.

⑤ 비타민 E는 뇌 세포막의 항산화 작용에 중요한 역할을 하며 치매의 발병 가능성을 낮추고 진행을 늦춘다.

⑥ 비타민 C는 유해산소를 중화시키는 항산화 효과를 가지며 인지기능 장애의 가능성을 줄여준다.

⑦ 비타민 D의 결핍은 노인에게 낙상 및 우울한 기분을 유발한다.

06. 치매예방에 좋은 음식

① 과일과 채소를 자주 먹는다. 말린 자두, 건포도, 블루베리, 검은 딸기 등과 시금치, 케일, 브로콜리, 근대, 미나리 등 녹황색 채소가 항산화 효과가 높은 것으로 밝혀져 있다.

② 호두: 불포화지방산이 다량 함유되어 있고 뇌신경을 안정시키는 칼슘과 비타민 B군이 풍부하다. 호두를 하루에 서너 개 정도 먹으면 치매예방에 도움이 된다.

③ 검은 참깨 : 뇌신경세포의 주성분인 아미노산이 균형 있게 들어 있어 최고의 두뇌 건강식품이다.

④ 콩 : 뇌세포의 회복을 도와주는 레시틴과 뇌의 노화를 억제하는 사포닌 성분이 함유되어 있다.

⑤ 감자 : 비타민 C, 비타민 E, 철분이 풍부하며 기억력과 사고력을 향상시키는 비타민 B_1 과 B_2 가 함유되어 있다.

⑥ 카레 : 카레의 커큐민 성분은 치매를 일으키는 원인 중 하나인 뇌에 축적되는 독성 단백질을 분해한다.

⑦ 미역 등 해조류 : 해조류에 있는 요오드는 두뇌발달에 연관이 있는 갑상선 호르몬의 재료가 된다. 또한 미역은 머리를 맑게 해주는 칼륨이 많이 들어 있다.

07. 알츠하이머 치매에 좋은 음식

알츠하이머 치매와 같은 퇴행성 치매 예방에 특출한 방법은 없으며, 알츠하이머 치매는 한번 걸리면 완치가 어려운 것으로 알려져 있다. 그러나 요즈음 알츠하이머형 치매는 적색육, 가공육, 정제된 곡물, 고칼로리가 특징인 서구식 식단 등을 섭취하게 되면, 베타 아밀로이드 단백질이 뇌에 쌓이게 되어 치매 발생률을 높이는 것으로 관련 학계에서는 발표하고 있다.

따라서 먹는 음식을 가지고 알츠하이머 치매를 예방하기 위한 노력들이 다각적으로 전개되고 있다. 그 중에 주목해볼만한 내용은 미국 콜롬비아대학 연구진이 식습관과 치매 발병과의 상관관계를 분석한 결과 오메가3 지방산과 비타민을 많이 섭취한 노인은 그렇지 않은 노인보다 치매를 겪을 위험이 40퍼센트 정도 더 낮은 것으로 나타났다.

이러한 결과를 바탕으로 미국 시카고 러쉬 대학 연구팀은 '마인드' 식단을 개발하여 성인들을 대상으로 지속적으로 섭취하게 하는 연구 결과 알츠하이머병 치매의 위험률이 54%나 낮은 것으로 나타났다.

'마인드(MIND, Mediterranean-DASH Intervention for Neurodegenerative Delay)'는 지중해 식단과 고혈압 환자를 위한 대시(DASH) 식단을 합친 식단이다. 마인드 식단의 특징은 녹색잎채소, 견과류, 열매, 콩, 전체 곡물, 생선, 가금류, 올리브 기름, 와인 등 총 10가지 식품군을 먹는 것으로 되어 있다. 그리고 치매에 걸리기 쉽게 하는 붉은 육류, 버터와 마가린, 페이스트리와 단 음식, 튀긴 음식, 패스트푸드 등은 피하도록 권고하고 있다.

1) 단백질

마인드 식단에선 단백질의 섭취가 중요하여 단백질이 풍부한 콩류를 일주일에 최소 세 번을 섭취하도록 하고 있다. 통곡물(속겨를 벗기지 않은 곡물)은 하루 세 번, 생선은 주 1회, 닭고기는 일주일에 2번을 섭취한다.

2) 채소

채소는 항산화 물질이 풍부하여 항염과 항산화 효과가 있기 때문에 하루 식사에서 두 번씩 채소를 섭취하도록 하고 있다. 일반적으로 많은 종류의 채소를 섭취해도 되지만 특히 녹색 채소인 케일과 시금치를 마인드 식단에선 권하고 있다.

3) 견과류

견과류는 지방 함량이 높아 뇌 건강을 위한 필수 간식으로, 일주일에 다섯 번 섭취를 권하고 있다.

4) 베리류

블루베리, 라즈베리 등 각종 베리류는 강력한 항산화제인 안토시아닌이 풍부여 일주일에 두 번 이상 섭취하는 것을 권하고 있다. 폴리페놀의 일종인 안토시아닌은 산화 후 발생하는 활성산소 제거에 뛰어나다. 미세혈관까지 항산화성분을 전달해 뇌혈관의 손상과 노화를 막아, 두뇌활동을 최상으로 유지시키며 알츠하이머 질환과 관련된 증상을 완화하는 데에 도움이 된다.

5) 올리브 오일

올리브 오일은 뇌에 좋은 영향을 주기 때문에 자주 먹는 것이 좋아, 모든 요리에 올리브 오일을 사용하도록 권하고 있다. 올리브 오일은 하이드록시타이로솔이라는 화학물질을 함유하여 기억력을 향상시켜 알츠하이머병의 위험을 감소시켜 주는 역할을 한다.

6) 와인

와인은 뇌 건강을 향상시켜 주는 것으로 하루 한 잔 정도 섭취하는 것이 좋다. 포도에 풍부한 레스베라트롤 성분이 뇌조직의 노화를 늦추는 역할을 한다.

08. 혈관성 치매에 좋은 음식

혈관성 치매는 고혈압과 뇌동맥 경화증, 당뇨병 등에 의한 뇌혈관 장애로부터 이차적으로 뇌세포에 변성을 일으키는 것을 말하며 다발성 뇌경색이라고도 한다. 혈관성 치매는 뇌에 피를 공급하는 뇌혈관들이 막히거나 좁아진 것이 원인이 되어 나타나거나, 뇌 안으로 흐르는 혈액의 양이 줄거나 막혀 발생하게 된다.

혈관의 노화는 뇌에 피를 공급하는 뇌혈관들이 막히거나 좁아지게 하여 혈관성 치매의 주원인이 된다. 또한 뇌혈관이 튼튼하지 못하면 알츠하이머 치매와 같은 퇴행성 치매에도 나쁜 영향을 끼친다. 노화의 주범인 활성산소도 뇌세포 노화와 혈관 노화의 원인이 된다. 따라서 치매를 예방하려면 혈관을 튼튼하게 하고, 그 혈관을 통해 신선한 혈액을 공급하고, 뇌를 혹사 시키지 않는 범위 내에서 최대한 많이 사용하는 것이 좋다.

뇌의 노화를 늦추는 식단의 핵심은 동맥경화를 예방하고, 뇌세포에 충분한 영양을 공급하고, 나쁜 활성산소의 생성을 줄이고 제거하는 데에 있다. 뇌의 노화의 원인을 보면 다음과 같다.

① 과식이나 육류의 과다 섭취는 비만, 고혈당, 고지혈증, 고혈압 등과 함께 동맥경화를 일으키고 피를 진하게 하여 뇌경색을 일으키는 원인이 된다.

② 과다한 염분 섭취는 고혈압을 악화시키고 동맥경화를 가속화시켜 뇌에 나쁜 영향을 준다.

③ 육류의 기름에는 포화지방산과 콜레스테롤이 다량 함유되어 있어 작은 혈관을 좁게 하거나 막히게 하여 치매를 유발하게 된다.

④ 활성산소는 불안정하여 다른 물질에 산화작용을 일으키고 신진대사를 방해하여 결국 세포가 활력을 잃고 노화가 촉진하게 하는데, 뇌에도 나쁜 영향을 준다.

따라서 혈관성 치매를 예방하기 위해서는 무엇보다 혈관을 건강하게 하고 신선한 혈액을 공급해야 하는데 이를 위해서는 다음과 같이 식사를 해야 한다.

① 육식보다는 채식을 주로 섭취해야 한다.

② 몸에 좋은 오메가3나 올리브 오일을 먹는 것이 좋다.

③ 모든 음식에서 염분을 줄여서 음식을 덜 짜게 먹어야 한다.

④ 활성산소를 없애주는 비타민 E·비타민 C·폴리페놀 등의 항산화 물질이 많이 들어 있는 채소나 과일을 섭취해야 한다.

제9장
치매 예방을 위한 운동 요법

01. 노화의 증상

노화는 질병이나 사고에 의한 것이 아니라 시간이 흐름에 따라 생체 구조와 기능이 쇠퇴하는 현상을 말한다. 즉 노화는 수정, 태아, 유아, 아동, 청소년, 성인, 노인, 죽음에 이르기까지 시간의 경과와 더불어 서서히 사람의 모든 장기 기능이 저하되거나 정지되어가는 과정을 말한다.

노화는 누구에게나 예외 없이 찾아오는 현상이며, 생체 내에서 지속적으로 진행하는 변화이고, 생명체 고유의 내재적 변화에 따라 초래되는 현상이다. 노화에 따른 변화는 대부분 기능 저하를 동반하는 형태적 변화 현상이다. 노화에 나타나는 생물학적 특성을 보면 다음과 같다.

- 소화기능 : 나이가 들면서 침의 분비, 위액, 소화효소가 감소하며 이는 칼슘과 철과 같은 무기질의 분해와 흡수를 어렵게 하여 골격계 질환을 가져오거나 빈혈이 증가한다.
- 혈액순환기능 : 고혈압, 동맥경화증, 뇌졸중 등이 나타난다.
- 호흡기능 : 폐에 들어와서 순환되지 않고 남아 있는 호흡

의 양이 점점 증가하여 폐 등 호흡기 질환의 주된 원인이 되기도 한다.

· 기초대사기능 : 기초대사율은 감소하고 탄수화물 대사율은 증가한다. 이것은 인체 내부에 당분이 적절히 유통되지 못하고 혈액에 정체되어 남아 당뇨병의 원인이 된다.

· 신장기능 : 인체 내의 수분과 전해질의 균형, 산과 염기의 평형, 체내 노폐물의 배설 등을 담당하는 기능이 저하된다.

· 비장기능 : 당을 조절하는 인슐린의 생산 저하를 가져옴으로써 노인성 당뇨병의 발생률을 증가시킨다.

· 간과 담낭기능 : 간세포가 줄어들어 간의 질량이 낮아지고, 재생력이 감소하며, 담즙을 구성하고 있는 성분들의 고형화로 담석증에 걸릴 가능성이 높아진다.

· 수면 : 불면현상이 나타나는데 불면은 노년기의 우울증이나 신경증, 죽음에 대한 공포 등 심리적 문제로 인해 발생하기도 한다.

· 방광기능 : 산성성분과 요소성분의 감소에 의해 야뇨현상이나 방광염을 유발한다.

· 생식기능 : 여성은 폐경, 남성의 경우는 생식능력을 상실한다.

- 피부 : 신진대사의 약화로 인해 세포분열이 느려져서 상처의 치유속도가 늦어지며, 피부의 신경세포와 혈관이 감소하여 체온 조절력이 감소한다.
- 골격 : 뼈가 약해지고 골다공증이 발생한다.
- 근육 : 근육이 약화된다.
- 신장과 체중 : 신장과 체중이 줄어든다.
- 치아 : 이가 점차 빠진다.
- 시각기능 : 40세 이후부터 동공 근육의 탄력성이 약화되고 수정체 내부의 섬유질이 증가하여 근거리를 보기 어렵고 시각이 흐려지는 노안이 발생한다.
- 청각기능 : 50세 전후 난청현상이 나타나기 시작한다.
- 미각기능 : 40세 이후부터 서서히 미각 세포가 감소하다가 60세 후반부터 감소현상이 증가하고 70세경에 되면 단맛과 짠맛을 점차 느끼지 못한다.
- 통각기능 : 질환을 파악하는 능력, 질환의 고통을 감지하는 능력이 떨어진다.
- 촉각기능 : 피부의 노화에 따라 촉각 기능이 저하된다.
- 후각기능 : 후각과 폐의 기능이 약화될수록 후각 기능이 떨어진다.

노화는 정상적으로 나이를 먹어감에 나타나기도 하지만, 병에 걸리거나 강력한 스트레스에 시달려도 급속하게 시작된다. 실제로 당뇨병이나 관절염은 유전이나 생활양식에 기인하여 이루어지는 질병에 의한 노화이다.

노화 기준은 과거에는 주로 생물학적인 부분을 이야기하여 나이만 많으면 늙었다고 하였다. 그러나 요즘은 나이는 먹었지만 같은 나이에 비해 젊어 보인다고 하는 것이나, 나이는 젊은 데 나이보다 늙어 보인다고 하는 것을 보면 노화를 무조건 생물학적 변화로만은 설명할 수 없다.

실제로 60세인 사람이 45세와 같은 신체 연령을 가질 수도 있고, 그 반대로 45세인 사람이 80세 노인의 신체 연령을 가질 수도 있다. 또한 나이가 들었지만 젊게 꾸미고 다니는 사람이 있는 반면 나이는 젊은데 노인처럼 하고 다니는 경우가 있다. 따라서 노화의 기준은 생물학적인 변화 이외에도 심리학적인 변화 및 사회적 변화 과정까지를 다 포함한다.

심리학적인 변화는 마음으로 노화를 느끼는 현상을 말한다. 즉 생물학적인 노화가 이루어지더라도 심리적인 노화가 이루어지지 않으면 젊게 살 수 있지만, 심리적인 노화가 찾아오면 생물학적인 노화가 늦더라도 더욱 늙어 보이기도 한다. 실제로 심리적으로 노화가 이루어지면 몸과 마음이 더욱 쇠잔하고, 초췌해지면서 더욱 무기력해진다.

사회학적인 노화는 사회에서 직업적, 생산적 활동으로부터 은퇴하면서 새로운 삶을 조정해가는 과정을 말한다. 사람이 은퇴를 하면 생활 습성의 변화가 생기므로 기상과 취침 시간의 변화, 교통수단의 변화, 식사 장소와 습성의 변화, 만나는 사람들의 사회적 계층 변화가 생긴다. 따라서 사회학적 노화는 우울증, 소외와 고독감, 무력감, 정서의 불안 등을 가져올 수 있다.

02. 치매예방을 위한 운동요법

1) 운동요법의 정의

　운동요법이란 신체의 운동을 통하여 질병이나 그 후유증을 치료하는 방법을 말한다. 노인들에게 운동요법은 신체의 구조 및 기능의 저하를 예방하고, 질병이나 손상된 기능을 회복하고, 체력을 개선하여 치매에 도움이 되는 것으로 알려져 있다.

　운동은 치매예방을 위해 매우 중요한 신체 활동으로 부각되고 있지만, 어떤 운동을 얼마나 해야 치매에 좋은지에 대해서는 아직 분명하지 않다. 다만 노년기에 접어들면서 부담 없이 일상생활에서 손쉽게 할 수 있는 운동이 있다면 비단 치매 뿐 아니라 고혈압, 당뇨병, 낙상 등 노년기 질병이나 사고 예방에도 크게 도움이 될 것은 분명하다.

2) 운동의 효과

- 운동은 자발적 참여로 협동정신을 향상시켜 준다.
- 운동은 친목 도모의 효과가 있어 소외와 고독에서 벗어나게 해준다.
- 운동은 심신의 피로 및 휴양에 효과적이다.
- 운동은 스트레스 해소와 단조로운 생활에서 벗어나게 해준다.

- 운동은 자신감 향상, 심리적 안정감을 준다.

- 운동은 건전한 여가 선용을 가능하게 해준다.

- 운동은 순발력, 지구력, 근력, 협응력, 평형감각 등의 신체적 건강이 이루어진다.

- 운동은 집중력, 기억력 증진, 시공간지각능력 증진, 청력·시력 등을 향상시킨다.

- 운동은 노인이 6개월간 규칙적 운동을 한 결과 심폐기능이 향상된다.

- 운동은 인지기능의 손상 및 치매발병률이 낮아지고, 혈압, 당뇨, 고지혈증 등의 만성질환들이 치료 또는 예방되었다.

- 매일 20~30분의 규칙적인 운동은 인지기능 감소를 지연시킬 뿐 아니라, 인지장애와 치매의 진행과정 또한 늦추는 효과가 있다.

- 유산소 운동은 노인의 우울 증세를 호전시킨다.

- 운동은 노인의 근력을 강화시켜 준다.

- 운동은 노인의 뇌혈관 손상 위험을 줄여 준다.

- 운동은 심혈관 기능을 개선시키고 뇌 혈류량을 증가시켜 전두엽의 위축 및 퇴화로 인한 인지기능 장애를 예방한다.

03. 노인에게 필요한 체력

1) 근력

근력이란 근육이 한 번에 최대로 낼 수 있는 힘을 말한다. 힘을 기른다는 것은 근력을 향상시킨다는 것을 의미한다. 노인에게 있어서 근력은 일상생활에서 전반적인 신체활동을 자유롭게 할 수 있게 해주고, 각종 질병에 대한 저항력을 키워주어, 건강하고 활기찬 생활을 할 수 있게 해준다.

노인들의 근력을 높이기 위해서는 기어가기, 버티기, 밀기, 끌기, 걷기, 뛰기, 당기기, 무릎 들어올리기, 계단 오르기, 팔굽혀 펴기, 장애물 넘기 등이 효과적이다.

2) 지구력

운동을 지속하는 능력에는 근지구력과 전신지구력이 있다. 근지구력은 저항에 대하여 반복하여 힘을 내는 것, 또는 수축을 지속적으로 할 수 있는 능력을 말하며, 전신지구력은 격렬한 전신운동을 장시간 계속하는 능력을 말한다.

노인은 급격한 운동이나 부하가 강한 운동을 장시간 계속하게 되면 운동 직후의 심박 수가 오히려 안정시의 심박 수보다도 감소하기 때문에 항상 무리가 되지 않도록 주의해야 한다.

노인들의 지구력을 높이기 위해서는 매달리기, 턱걸이, 밀기, 끌기, 버티기, 오래 걷기, 계단 오르기, 놀이, 율동, 수영 등이 효과적이다.

3) 유연성

유연성이란 몸의 균형을 잡거나 바른 자세를 취할 때뿐만 아니라 운동을 수행하는 데 크게 작용하는 체력요소를 말한다. 유연성은 몸을 비틀고, 굽히고, 돌리고, 숙이는데 근육을 부드럽고 효율적으로 움직이는데 필수적이다.

유연성이 생기면 근육에 탄력이 생기며, 관절의 가동범위가 확대되어 할 수 있는 운동이 증가하게 된다. 노인들의 유연성을 높이기 위해서는 의자에 앉아 다리 올리기, 의자 잡고 상체 굽히기, 팔 굽혀서 펴기, 벽 잡고 다리 굽히기, 몸을 앞·뒤·옆으로 굽히기, 몸을 흔들거나 비틀기, 체조 등이 효과적이다.

4) 순발력

순발력이란 근력을 단시간에 최고로 발휘하는 능력이다. 순발력은 근력, 근지구력과 함께 운동수행에 관여하는 중요한 근기능이다.

노인들의 순발력을 높이기 위해서는 지그재그 걷기, 들어올리기, 장애물 넘기, 줄넘기, 몸 평형잡기, 공 던지기, 게이트 볼 등이 효과적이다.

5) 민첩성

민첩성이란 신체의 일부 또는 전체를 신속하게 움직이든가 방향을 바꾸는 능력을 말한다. 노인기는 민첩성이 떨어지는 시기로 자신의 몸을 신속하고 능률적으로 통제할 수 있는 능력을 갖게 된다.

노인들의 민첩성을 높이기 위해서는 작은 출입구 빠져나가기, 발을 재빨리 차올리기, 제기차기, 신속히 눕고 일어서기, 지그재그 걷기, 게이트 볼 등이 효과적이다.

6) 평형성

평형성이란 신체의 균형을 유지하는 능력을 말한다. 평형감각을 발달시킴으로써 바르고 좋은 자세를 유지시킬 수 있으며 안정된 동작으로 운동에 참여할 수 있게 된다.

노인들의 평형성을 높이기 위해서는 평균대 걷기, 긴 줄걷기, 한발로 서기, 징검다리 걷기 등이 효과적이다.

04. 치매환자에게 좋은 유산소 운동

치매를 치료하는데 가장 좋은 운동은 과격한 운동보다는 유산소 운동이 효과적이다. 유산소 운동이란 운동을 하면서 숨이 차지 않으며 큰 힘을 들이지 않고도 할 수 있는 운동을 말한다.

반면에 무산소 운동은 강도가 높아 장시간 할 수 없기 때문에 노인들이 하기에는 별 도움이 되지 않는다. 특히 치매에 걸린 노인에게 격한 무산소 운동을 시키게 되면 운동이 힘들기 때문에 싫어하게 되고 오히려 치매 예방에 역효과를 낼 수 있다.

유산소 운동은 몸 안에 최대한 많은 양의 산소를 공급시킴으로써 심장과 폐의 기능을 향상시키고, 특히 혈관조직을 강하게 만드는 혈관성 치매 예방에 효과가 있다. 또한 유산소 운동은 운동 중에 필요한 에너지를 유산소적인 대사 과정을 통해서 생성하여 오랜 시간 운동을 지속할 수 있기 때문에 치매 예방에 효과적이다

유산소 운동을 장기 동안 규칙적으로 실시하면 운동 부족과 관련이 높은 고혈압, 동맥경화, 고지혈증, 허혈성 심장질환, 당뇨병 등의 성인병을 적절히 예방할 수 있을 뿐만 아니라, 치매 예방과 노화 현상을 지연시킬 수 있다.

노인들에게 맞는 유산소 운동에는 걷기, 빨리 걷기, 가볍게 달리기, 에어로빅, 게이트볼 등이 여기에 속한다.

1) 걷기

걷기 운동은 가장 강도가 낮으면서 대표적인 손쉬운 운동이다. 그리고 언제나 어디서나 혼자서 할 수 있는 경제적인 운동이다. 만보기를 이용해 걷기 운동을 하면 효율적인 체력관리에 도움이 된다.

걷기는 처음에는 천천히 시작하여 어느 정도 익숙해지면 속도를 빨리하여 걸어서 땀이 날 정도로 걷는 것이 좋다.

걷기로 치매를 을 예방하기 위해서는 하루 1시간 정도는 걸어야 하며, 운동량을 걸음수로 환산하면 약 5천 걸음에 해당한다.

2) 줄넘기

줄넘기의 장점은 운동량이 풍부하고, 열량소비가 많으며, 균형 잡힌 몸매와 건강미를 얻게 된다. 줄넘기는 칼로리 소모가 많은 운동으로, 건강관리가 잘된 노인들에게는 도움이 되지만, 건강관리가 잘 안된 노인들에게 관절에 체중으로 인한 부담을 줄 수 있다.

3) 수영과 수중운동

수영과 수중운동은 걷기보다 열량을 많이 소비하는 운동이지만 부력효과로 지상에서의 운동에 비해 체중 부하로 오는 관절의 부담을 적게 받는다.

근육과 심장에 좋으며, 폐 기능을 증진시킨다. 수영으로 하루

100kcal를 소모시키려면 15분을 수영해야 한다.

4) 에어로빅

에어로빅은 기초체력 단련을 위한 동작에 춤과 음악을 곁들여 흥미가 있다. 에어로빅은 심장이 강화되고 체중 감량, 근육 강화 등의 효과가 있고, 특히 복부, 엉덩이, 대퇴부위의 군살을 빼고 탄력 있고 윤기 있는 근육으로 만드는 데 적합한 운동이다.

5) 훌라후프

훌라는 하와이의 훌라춤, 후프는 테를 뜻하며, 1960년을 전후하여 세계적으로 크게 유행한 바 있다. 훌라후프로 하루에 30분씩 하면 100cal를 소모할 수 있다. 훌라후프를 이용해서 할 수 있는 운동은 다음과 같다.

- 훌라후프를 앞으로 던질 때 되돌아 올 수 있도록 역회전한다. 다시 되돌아오는 훌라후프를 잡을 수 있다.
- 온 몸을 이용해 돌린다(목, 팔, 허리, 무릎, 발목으로 돌리기).
- 돌리면서 박수 치기, 앉았다 일어나기, 춤추며 이동하기를 할 수 있다.
- 훌라후프 위로 던진 후 받는다.

• 훌라후프를 이용해 스트레칭을 한다.

  각종 활동에 대한 열량소모량을 보면 일상생활 속에서 이루어지는 활동보다 운동을 통해서 열량 소모량이 커지는 것을 알 수 있다.

〈표〉 일상생활에서 할 수 있는 유산소 운동과 열량소모량

운 동	kcal/kg/min	운 동	kcal/kg/min
자전거타기(천천히)	0.042	노래부르기	0.013
청소	0.030	앉아있기	0.007
요리	0.015	탁구	0.073
춤(빠른 속도)	0.148	피아노연습	0.018
춤(느린 속도)	0.050	달리기(보통 속도)	0.173
식사	0.007	서있기(편한 상태)	0.057
장보기	0.040	걷기(빠른 속도)	0.034
골프	0.065	수영(보통 속도)	0.132
체조나 스트레칭	0.046	계단 내려가기	0.012
걷기(보통속도)	0.039	계단 오르기	0.036
빨래(가벼운 세탁물)	0.022		

제10장
전뇌학습법

01. 속독이란?

속독이란 문자 그대로 읽기의 행동을 빨리한다는 말이다. 읽는다는 것은 문자나 낱말을 지각하고 그 뜻을 파악하는 것이므로 내용을 이해하지 못하면 아무리 빨리 읽어도 소용이 없다. 그러므로 이해를 하면서 빨리 읽는 것이 속독이다.

일반적으로 속독이라 하면, 책을 빨리 읽는 것 또는 대충 읽는 것 정도로 인식되어 왔다. 그러나 속독이란 내용을 충분히 파악하고 이해하며 빨리 읽는 것을 말한다.

현재까지는 빨리 읽으면 이해가 잘 안되고 천천히 읽어야 이해가 잘 된다고 인식하여 왔다. 그러나 지금까지의 실험 결과, 읽는 속도와 이해도는 서로 정비례할 수 있다는 결론을 얻을 수 있었다. 반면 독서 속도가 느리면 독서에 권태를 느끼게 되고 독서 기능도 낮아진다.

두뇌 기능은 ① 느끼는 일 ② 결정하는 일 ③ 인식하는 일로 크게 나눌 수 있는데 독서는 인식하는 기능에 속한다. 그러므로 두뇌의 기능은 속도가 느려지면 쉽게 권태와 기능 저하를 가져온다. 그러나 읽기의 행동을 빨리한다는 말은 무조건 빨리 읽으면 된다는 것이 아니라 뇌의 독서기능이 계속 개발되면서 독서 능력의 확대와 비례하여 빨라져야 최대의 속독 효과를 가져오게 되므

로, 독자의 뇌가 지각할 수 있는 속도와 비례할 만큼 빨리 읽어야
한다.

그렇다면 빨리 읽을 수 있는 속도의 기준이 문제다. 필자의 연
구 통계 자료에 의하면 보통 사람은 1분간에 약 200~800자의
글자를 읽고 이해하고 내용을 기억한다. 이 기준의 3배~10배 정
도인 2,100자 이상을 읽고 이해하고 내용을 기억할 때 속독을 한
다고 말할 수 있다.

02. 속독의 필요성

현대는 다변화 시대다. 현대의 문명은 급속도로 발달하여 각종 컴퓨터가 등장하였고, 우주 왕복선이 발명되었으며 전 세계는 일일생활권으로 좁혀져 하루하루가 새롭게 변해가고 있다, 이렇게 급변하는 시대적 상황으로 볼 때 각종 정보가 수없이 쏟아져 나오는 것은 지극히 당연한 일이다.

이러한 정보의 홍수 시대에 살고 있는 우리는 매일같이 쏟아져 나오는 각종 도서, 신문, 잡지를 접해야 하고, 현 시대에 대처하기 위한 지식의 축적이 필요하다. 지식을 체험으로 다 배운다는 것은 한계가 있는 일이며, 그중에는 체험으로 배우기에는 위험한 것들이 너무 많다.

바로 여기에 독서가 인생의 스승이 되며, 삶의 길잡이가 될 것은 자명한 일이다. 그러므로 이제는 독서가 어느 특정인의 취미 정도로 되는 것이 아니라 생활 속에 필요한 지식습득을 위해서 필수불가결하게 되었다.

정부에서도 독서 교육의 중요성을 인식하여, 학생들이 교양서적을 많이 읽고 논리적인 사고를 키우도록 적극적으로 교육제도 개선을 실시하고 있다. 즉, 대학입시제도가 수학능력시험과 논술

고사로 바뀌면서 올바른 독서가 청소년의 논리적 사고력 증진을 위한 지름길이라는 인식이 정착되었다. 또한 효과적인 독서 방법으로서 속독법이 수험생과 학부모들에게 관심의 초점이 되고 있다.

매일같이 쏟아져 나오는 각종 도서, 신문, 잡지를 접해야 하는 현대인에게 짧은 시간에 많은 책을 읽을 수 있는 속독법은 경제적으로나 시간적으로 매우 필요한 것이다.

기존 우리의 독서 습관은 종래의 습관에서 벗어나지 못하고 있기 때문에 기업가가 새로운 아이디어를 개발하듯이, 학문에 있어서도 새로운 차원으로 그 방법을 시급히 모색하던 중 기본적인 요소가 되는 책 읽는 속도에 대한 개발, 즉 속독법 개발이 급선무의 과제로 등장하게 되었다, 이러한 시대적인 요청과 국민의식 구조를 개혁하기 위해서 개발된 용진 영상화 속독법은 온 국민의 관심을 가지고 2세 교육을 위해 활용해야 한다, 속독법은 현대를 살아가는 사람이라면 누구에게나 꼭 필요한 것이므로 우리 모두 이의 보급에 힘쓰며, 관심을 가지고 널리 알려야겠다,

03. 책자의 수는 과연 얼마나 될까?

약 8억이라는 천문학적인 숫자, 거기에다 매일매일 늘어나는 책자의 수도 엄청나다.

서기 1500년 한 해 동안 늘어난 책자는 1,000부에 불과했다. 그래서 10만부가 발행되려면 1세기가 걸리는 셈이 된다.

그러나 출판물의 홍수 시대라 일컫는 현재 한국 안에서만 매일 60~70권 정도의 책이 발행된다.

컴퓨터 전문 과학자 슈발츠 박사에 의하면 사람의 두뇌가 1초에 읽을 수 있는 능력은 두 자리 숫자로 따져서 최고 20개 정도라고 했다. 이에 비해 세계의 신간 출판 속도는 1초당 두 자리 숫자 200만개에 해당된다고 한다.

이 정도까지만 얘기해도 독서속도가 현대인에게 얼마나 중요한가를 실감할 수 있을 것이다.

04. 현재까지의 독서방법

　지금까지의 독서는 어릴 때부터 이어온 자연스런 말의 학습과정과 과학적 원리에 의해 체계화되지 않은 독서 교육의 영향으로 글자 한 자 한 자를 낱낱이 읽던 수동적인 독서였다.

　이러한 독서 태도 때문에 독서 속도는 물론 문단이나 글자체의 중심 내용 파악에도 많은 지장이 있었다. 기존의 독서 방법에 대해 좀 더 구체적으로 과정을 분석해보면 다음과 같다.

　우리의 눈이 글자 한 자 한 자에 시점을 주면 우리의 두뇌는 그 글자의 발음기호를 먼저 상기하여 글자의 속발음(음독, 묵독)을 한 뒤 속발음의 자극이 뇌에 전달되면 그제야 단어의 의미를 파악하고 그러한 단어를 연결하여 문장의 의미를 파악해 왔기 때문에 독서 속도가 느려짐은 물론 독해 능력에도 많은 지장을 초래했다.

　이러한 독서는 인쇄소의 문선공이나 글의 교정을 보는 이들이 사용하는 문선공식 독서 방법이다. 이 과정을 알기 쉽게 나타내면 다음과 같다.

　보통 사람의 망막에 영상이 비치는 시간은 1/50초이며, 1초에 30-40개의 영상을 잡는다고 한다. 그러므로 한 문자를 보고 지각할 수 있는 시간은 약 0.033초~0.025초가 된다. 이와 같은 이론에 의해 책을 볼 수 있는 눈과 책과의 간격 30~40cm에서 책을 읽을 때 1분간 독서 능력 평균치를 구하면 다음과 같다.

1초 30자×60초=1,800자

1초 40자×60초=2,400자

평균치 4,200/2=2,100자

보통 사람이 1분간 읽고 이해할 수 있는 최대 능력의 글자 수는 2,400자이다. 그러나 1분 동안 읽고 이해할 수 있는 최대 능력의 평균치는 2,100자이지만 실제 보통 사람의 독서 속도를 검사하게 되면 1분에 평균 200~80개 밖에 읽고 이해하지 못한다. 그러므로 인간의 최대독서 능력을 발휘하도록 하는 독서 속도 능력 개발이 절실하다는 결론이다.

05. 속독의 원리

　속독의 원리를 한마디로 요약한다면 인간의 눈과 두뇌의 잠재능력 개발이다.

　눈의 간상세포, 추상세포, 및 기타 기능을 개발하고 두뇌의 약 120억~150억 개에 달하는 세포 중 미개발 상태에 있는 뇌신경 세포에 자극을 주어 컴퓨터의 전자회로처럼 새로운 회로를 형성시킴으로써 활자를 한 자 두 자가 아닌 두 줄, 세 줄, 그 이상 여러 줄을 한꺼번에 보고도 이해하면서 기억하도록 적용시킬 수 있다.

　즉 카메라가 1/5,000~1/10,000초에 정확히 대상을 포착하도록 하듯이 짧은 순간에 많은 활자를 뇌가 처리할 수 있도록 해야 한다. 그러므로 다음과 같이 잠재능력을 개발하면 속독은 가능하다.

1) 집중력이 개발되어야 한다.

　정신을 고도로 집중할 수 있는 상태이어야 한다.

　즉, 우리의 뇌파를 베타파에서 알파파 상태로 낮추어 글을 읽고 이해해야 한다. 속독은 정신집중의 결과라고 할 수 있겠다. 정신 집중이라는 것은 뇌파가 베타파인 외부 의식 수준에서 알파파 상태인 내부 의식 수준으로 될 상태를 말한다. 즉, 독자의 뇌파가 베타파에서 알파파로 낮추어진 상태로 속독해야만, 가장 빠른 속도와 정확한 이해가 가능하다는 것이다. 그렇다면 뇌파를 베타파에서 알파파로 낮추기 위해서는 어떠한 방법이 가장 좋은가? 필자의 실험 연구 결과 단전호흡에 의한 정신 집중과 암시 방법을 함께 병행하는 것이 가장 효과적이었다.

2) 시폭이 확대되어야 한다.

망막 후면의 시세포 중 황반부 주변에 있는 막대 모양의 시세포인 간상세포를 개발하여 동시에 많은 활자를 눈으로 받아들이도록 한다.

3) 시지각능력이 개발되어야 한다.

시지각능력은 사물을 보고 지각하는 능력이다. 따라서 속독을 하려면 글자를 보고 지각하는 능력을 개발해야 한다.

4) 뇌의 기능을 활성화해야 한다.

뇌의 기능을 활성화해야만 책을 읽고 내용을 기억하거나 이해하는 데 도움이 된다. 따라서 속독을 하기 위해서는 뇌의 기능을 활성화해야 한다.

06. 속독과 시력과의 관계

책을 읽는데 시력이 필요한 것은 말할 필요도 없다. 글자를 볼 수 없을 정도의 시력을 가진 사람은 점자책(맹인이 읽는 책) 밖에 읽을 수 없다. 빠르게 읽기 위해서는 책과 거리가 30~40cm거리에서 글자가 보여야 한다.

근시·원시·난시도 안경을 쓰면 교정이 가능하므로 문제가 되지 않으며 특히 눈이 좋지 않은 사람일수록 속독을 배워 책이나 인쇄물 기타 서류를 빨리 읽어서 눈에 부담이 가지 않도록 하는 것이 좋다.

미국의 안과 의사 베이츠스 박사의 안근설에 의하면 4개의 직근 즉 상직근, 하직근, 내직근, 외직근의 신축에 의하여 어느 방향에로든지 눈을 돌릴 수 있다고 한다. 또 2개의 사근 즉 상사근, 하사근은 안구의 중앙부에 압력을 더해서 그 압력의 세고 약함에 따라 다방면에 있는 물체가 잘 보이게 조절되며, 이 사근을 잡아당기는 압력에 안구는 앞뒤로 길어진다. 또 직근을 잡아당기면 안구의 앞뒤 길이가 짧게 되며 중앙부가 커진다. 이러한 작용들을 이용하여 안근운동을 계속하면 근시, 원시, 난시 등 굴절이상 뿐만 아니라 노안 그리고 백내장, 녹내장 등의 안질환도 안근의 훈련에 의하여 고칠 수 있다고 한다. 용진 영상화 속독법은 베이츠스 박사의 학설에 근거를 두고 속독에 의한 눈의 자유자재로 조절작용을 활발히 훈련함으로써 후천적으로 시력이 나쁜 사람은 속독을 할 경우 시력이 좋아질 수 있도록 하고 있다.

부록

명: 노성복 학교: 학년:

이름: 정선 목민심서 페이지: 174

년 8월 18일 / 읽은시간: / 시간 40분 초

목민심서는 요즘 개념으로는 지방 행정의 지침서에 해당한다
이렇듯 실무적이고 기능적인 것으로 여겨지는 목민심서가 그 이상의 의미를
내포하고 있어 마음먹고 읽는 독자들에게 깊은 감명을 주는 까닭은 무엇일까
목민심서는 자기 시대의 현실에 대한 다산 자신의 뼈저린 고뇌에서
우러 나왔기 때문이다. 안타까워 하고 괴로워하는 데서 그치지 않고 문제의
해법을 진정으로 강구한 것이다.
목민심서는 대단히 풍부한 사실과 논리로 엮어졌고 또 갖가지 비략을
간직한 책이다. 실사구시의 방법론으로 모범을 보인 저술이 아닌가
싶기도 하다. 당서의 실상과 관청에 속속들이 파고들어 범죄의 원인을
찾고 치유책을 고안하는 데 있어 구체적이고 분석적이며 무섭도록
현실적이다. 다산은 저서에서 심서라 한 것은 무슨 까닭인가. 목민 할
마음은 있으나 몸소 실행할 수 없기 때문에 심서라 이름한 것이다고
끝을 맺었다. 그 자신이 정치현실부터 외면되어 있었던 까닭이 붙인
말이다. 이 맺음말은 실로 비장하다. 오늘의 현실에서 다른 의미로 또
심서가 된 셈인데 그 참뜻이 살아 나가기를 고대한다

정약용은 1762년 경기도 광주군 (현재 남양주시 조안면 능내리) 에서
출생하여 28세에 문과에 급제 했다. 한림 교리. 암행어사. 곡산부사.
중부 승지 형조참의. 등의 벼슬을 살다가 신유사옥에 연루되어
40세 때부터 18년 동안 유배생활 했다. 수많은 뛰어난 저서를 남긴
실학의 집대성 자이다. 1836년 향리에서 별세 했다.

독 서 록

NO: 123

성명: 노성복 학교: 학년:

책이름: 책 읽기의 쓸모 페이지: 149

2021년 3월 20일 / 읽은시간: / 시간 29분 초

확인: 부모님 / 선생님

지식 욕구를 채우거나 어디에 써먹을 수 있는 공부라는 간점에서 보자면 책에 대한 탐닉은 쓸모있는 공부라고 할 수 없겠습니다.
자칫하면 자의식만 키우고 세상으로부터 자신을 고립시키는 공부가 될 수도 있지요. 그런데 왜 저는 쓸모없는 공부를 계속하고 있는 걸까요. 굳이 그 의미를 찾아야 한다라면 제게는 책속으로의 여행 그자체가 불경에서 말하는 무아의 경지를 향해 가는 여행이었다고 하면 어떨까요. 책이 나에게 들려주는 시냇가에 귀를 기울이는 것이 곧 명상이 아니었나 하는 것이지요. 그것이 말하자면 쓸모없는 공부의 쓸모라고도 할수 있을것 같습니다.
생각해 보면 슬픈 일이 있어도 책을 읽으면 다 잊어버리고 없어진 일이 되는 적이 많았습니다. 제게는 독서 일종의 카타르시스 즉 현실을 닦게 해주는 효과가 있었던 것이지요. 책을 읽으면서 힘든 일을 잊어버린다는 것만 해도 엄청난 쓸모이긴 합니다. 그렇게 보면 진통이나 적어도는 상관없는 공부라도 어린가 쓸모가 있을수 있다는 생각이 들기도 합니다. 그래서 지금까지 제가 살아오면서 읽어온 책들을 통해서 써먹지 않는 독서의 쓸모를 찾아보려는 것이 오늘 제 이야기의 목표 이기로 합니다.
* 쓸모없는 책 읽기는 제 삶을 풍요롭게 해준 유일한 투자였습니다.
* 한국 최초의 여성 대법관 김영란이 말하는 독서

명: 노 성부   학교: 학년:

이름: 1% 독서법   페이지: 166

확	부모님
인	선생님 ㅗㅇ

2021년 4월 1일 / 읽은시간: / 시간 26분   초

. 즐겁게 책 읽고 1%만 남기기!
  유랑하는 독자를 위한 독서숲과 정착 안버서
읽다 만 책이 수두룩 한데 또 책을 사고 왔다 열심히 읽어도 금세 내용을 잊어버린다
독서가 어렵다는 생각은 억측이 불과 합니다 책을 끝까지 읽는 게 힘들고 같은 문장
을 여러번 읽는다 해도 말이죠 이는 현시점에서 책 읽는 과정이 힘들다 는 것일뿐
책이 어렵다 는 것과는 근본적으로 다른 이야기 입니다.
물론 나는 원래 책이 싫다 는 사람도 있겠지요. 하지만 이처럼 극단적인 사람은
소수일 테고 애초에 그런 사람은 이 책을 펼쳐볼 일도 없을 겁니다
지금 이글을 읽고 있는 이상. 당신은 결코 그런 부류가 아닙니다.
본문에서.

*. 지은이 : 인나미 아쓰시
  작가. 서평가이자 편집자 광고회사에 다니면서 음악 갈럼니스트로 레뷰
  음악잡지인 편집장을 거쳐 독립 했다.
  책 1쪽을 읽는데 5분이 걸리는 지독가 (slow reader) 였으나 웹 미디어
  라이프 해커 (일본판)에서 서평란을 담당하게 된후 책을 빠르게 읽는 방법을
  터득 했고. 이후 1년에 700권을 독파하는 경이적 독서량을 달성 했다.

성명: 노성복 학교: 학년:

| 확 | 부모님 |
| 인 | 선생님 |

책이름: 독서는 절대 나를
          배신하지 않는다   페이지: 204

2021년 4월 22일 / 읽은시간: 2시간 46분   초

＊ 책을 읽기 전에 사전 준비를 해라

나는 책을 사면 곧장 카페로 들어가 방금 산 책을 훑어보는 습관이 있다.
제목, 차례, 저자소개 등등 책의 구석구석을 꼼꼼하게 읽어 보면서 대강의
내용을 파악하는 것이라 이렇게 하는 데는 한 천 방 15분이면 충분하지만
다른 사람에게 어떤 책을 샀는지 충분히 설명할 정도가 된다. 이 과정은
마치 갓 잡은 싱싱한 생선의 배를 갈라 깨끗하게 손질한 것과 비슷하
미리 생선을 손질하면 보관하기가 쉽고 다음번에 먹고 싶을때 바로
조리하기가 쉽다. 마찬가지로 책을 사서 읽고 싶다는 의욕이 가장 넘치는
바로 그때 본격적으로 책을 읽기 위한 사전 준비를 해두는 것이라.
이렇게 하면 다음에 다시 책장을 절볐을때 이미 잘손질해 놓은 상태이
때문 언제든 읽을수가 된다. 앞에서도 이야기 했지만 책과 사람의 관계는
연애와 비슷한 면이 있다. 한눈에 반해 책을 구입 했더라도 의욕과 설렘은 시
갈수록 무려진다. 수천 수만 권의 책들 가운데 마음을 끈 운명적인 책이라면 그
방치하지 말고 설레는 마음이 생생할 때 내용을 미리 파악해 의욕이 꺾이지
않도록 준비해 두자. 책을 읽기 전에 어떤 내용인지 대강 파악하고 읽는
다면 책을 읽다 레맬 일도 줄이들고 효율적으로 책을 읽게 된다

◎ 브레인킹 전뇌학습아카데미   전화: 02)722 · 3133

208 상금 300만원

독 서 록   NO: 326

마음의 공부

공자께서는 네 가지를 끊으셨다. 뜻이 없었고, 반드시 라는 것이 없었으며 고집이
없었고 나 가 없으셨다.

시경에서 말씀하셨다. 자네가 방 안에 있을 때 보니 방구석 에서도 부끄러운 짓을 하지
않는구려 그러므로 군자는 몸을 놀리지 않아도 공경받고 말하지 않아도 미덥다.

맹자께서 말씀하셨다. 마음을 보살피는 데 욕망을 줄이는 것보다 더 좋은 것이 없다
욕망이 적으면 마음을 보전하지 못하더라도 잠깐 잃을 뿐이요 욕망이 많으면 비록
마음을 보존하더라고 잠깐 보존하는 것일 뿐이다.

중용이란 무엇인가. 간단히 말해 중용은 매사에 알맞게 대응하는 것이다. 예컨대
부당하고 불의한 일에 부딪혔을 때 바꿀수 있다면 과감히 용기를 내는 것이
알맞음 이요. 도저히 내 힘으로 바꿀수 없는 상황이라면 다음을 기약하며 힘을
기르는 것 또한 알맞음이다. 임무는 무겁고 길은 멀구나 어찌 감히 태만 하리오

심경을 해석한 책이다 사서삼경과 악기 그리고 송나라 성리 학자인 주돈이
정이, 범준, 주희의 글에서 핵심이 되는 서른일곱 문구를 뽑아 모은 격언집

한동안 머리 맡에 놔두고 자기 전에 한번 장씩 읽었었다 모여들어 잔소리가
늘고 고집이 세지는 것을 보니 다시 읽을때가 된 것 같다

마음을 갖추어야 몸도 정돈되는 것임을 잊지말자.

독 서 록

NO: 509

성명: 노 성복 학교: 학년:

책 이름: 빌게이츠와
         마이크로소프트   페이지: 60

2021 년 8월 8일 /   읽은시간: 시간 42분 16초

확	부모님
인	선생님

부유층 가정에서 부족함 없이 성장했다. 아버지는 시애틀 최고 법률 회사를
운영하던 저명한 변호사 였으며 어머니는 마국의 은행인 퍼스트 인터스테이트 뱅크
시스템과 비영리단체 유나이디드 웨어의 이사회 임원이었다. 부모님과 함께 살던
가족으로는 1살 위의 누나와 아홉살 아래의 여동생이 있으며 아내 멜린다 게이츠가
여동생과 동갑 (1964선생)인 것으로 알려져 있다. 누나와 여동생은 둘다 마이크로
소프트 경영에 관여하지 않고 자신의 길을 가고 있다.

신동 기질도 타고나서 성당신부님이 박람회에 데려가는 조건으로 너전 성경의 산
상우훈 (마태오 복음 5장에서 7장에 해당하는 내용)을 완벽하게 외운다든지 수학
적으로 재능을 보여 일찍이 천재성을 인정받았다. 또 엄청난 독서광이었다고 한다
식탁에서도 책을 놓지 않아 부모가 늘 나무랐다고. 타고난 천재성으로 학교에선
늘 우등생이었고 경영과 프로그래밍을 금방 익혔다고 한다.

흔히 IT분야에 젊은 사업가가 나타나면 제2의 빌 게이츠라는 말은 많이 하는데
그중에 게이츠처럼 학문적인 성회를 이룬 사례는 거의없다. 대학원에 진학해도
게이츠의 논문 만큼 중요한 논문을 못쓰고 박사를 받는 사람들도 많다 물론 박사를
받을정도면 다른 연구 업적을 쌓았겠지만 하버드 저학지절 Honeywell 이라는
소프트웨어 회사에서 친구인 폴 열런와 함께 근무를 한 적이 있다고 한다 여름에
잠깐 근무한 것으로 보아 여름 인턴으로 잠시 근무한듯 마이크로소프트 창업을 위해
결국 하버드 대학을 중퇴했다 나중에는 하버드대학에서 명예 졸업증을 주긴 했다
사람들은 그가 패기 있게 자퇴 한것으로 아는데 사실 그는 당시 사업이 결국이
안풀리면 학교로 돌아올 생각으로 휴학을 했다고 한다.

독 서 록

성명: 오 성복   학교: 학년:

책이름: 적을 만들지 않는 대화법 페이지: 229

확	부모님
인	선생님

2021 년 월 일 / 읽은시간: 1 시간 35분   초

사람 사는 곳에는 어디나 갈등이 있기 마련이다. 그리고 유난히 원만하지 않은
사람을 만나기도 쉽다. 그렇다면 우리는 그런사람 들의 심리를 제대로 읽고
현명하게 대응하는 법을 익히는것이 중요하다. 미국의 커뮤니케이션 전문가
인 저자가 이 책에서 권하는 여러 상황별 대처 방법은 명화속 등장 인물들의
대화를 떠올리게할 만큼 생생 하면서도 친숙하다. 그것들은 또한 현실적 이면
서도 너무나도 명쾌하고 유효한 해법이 되기도한다. 이책은 그냥 한번읽고 덮어
둘것이 아니라 여러차례 읽고 실천하여 자연스럽게 자신감을 가질수 있을때
까지 곁에두고 친해져야 할책이다. 특히속이 상하고 화가나면 눈물부터 난 나는
사람 반박한번 제대로 못하고 얼굴만 붉으락 푸르락 하다가 나중에 왜 한
마디 못했는지 분해서 밤잠을 못이룬 경험이 있는사람 무슨문제가 생기면
인내심이 금방 바닥나면서 화부터 내는 사람 그렇다고 말싸움에 자신도없고 매번
이런상황에 당하는 자신이 싫어지는 사람. 바로 나이고 당신일수 있는 사람들에게
아주유효한 책이다.

갈등을 조정하는 기술을 가르치고 있는 이책의 가장큰 매력은 정확적인
커뮤니케이션 방법을 알려준다. 화가 뜨겁고 감성적인 우리나라 사람들에게
더욱 무몹하게 쓰일책이다.

독 서 록

성 명: 노성복   학교: 학년:

책 이름: 그렇다고 생각하면   페이지: 212
진짜 그렇게 된다.

2021년 12월 24일 / 읽은시간: / 시간 04분   초

확	부모님
인	선생님 용

무려 10년 동안이나 정신과 치료를 받던 저자가 서른살이 되던해 자신의 쓰디쓴
경험을 바탕으로 이 책을 쓰게 되었다. 그녀는 이 책에서 내면의 두려움과 불안 좌절
감 등의 요소들을 뿌리쳐 너무도 쉽고 간단하게 없애는 방법을 소개하고 있다.

단지 많은 사람들에게 도움이 되었으면 하는 간절한 마음으로 준비했던 이 책은
초판에 발행된 이후 20여년이 지난 지금까지 전세계 25개국에서 출간 되었고 영어
책만으로도 300만부이상이 판매되어 많은 사람들의 인생을 아름답게 바꾸는데 힘이
되어주었다.

긍정화와 시각화라는 심리학과 명상철학의 기본적인 방법을 바탕으로 하고 있는 이
책 속에는 20여 가지의 색다기자기하고 간편한 자기 혁신법이 담겨 있다. 예를 들어
보물지도를 만든다 에서는 모두 8가지를 하나 하나 꿈으면서 보물지도를 만드는 법을
설명하고 상황별로 7가지의 보물지도 이야기들을 들려준다. 하나 하나가 모두 알차고
매력적이다.

10점

독 서 록

성 명: 노성복   학교: 학년:

확	부모님
인	선생님

책 이름: 달팽이가 느려도 늦지 않다   페이지: 263

2011년 12월 24일 / 읽은시간: / 시간 01분 초

말의 힘이란 콩을 이룩 무럭에서 솟아날 수도 있고 산채 준 명예 묻은 수도
있다. 소란을 거인으로 만들 수도 있고 거인을 완전히 망가뜨려 없어버릴 수도 있다

시인 하이네가 이런 말을 한걸보면 그때나 지금이나 말은 모든 일의 씨가 되나봅니다
말조심하라고 하지만 말조심이 앞서 생각을 조심해야 합니다 모든것이 마음먹기
나름이라고 할 때의 마음은 끊임없이 생각이 이어지는 공간 입니다
그 공간에서 일어나는 일들에 하나가 말 수 넣까요? 생각이 만들어 낸 공간에서
말이 탄생하니 생각을 조심해야 말도 조심 조심 나오게 될 것입니다

2. 누군가 나를 힘들고 고통스럽게 할 때는 내가 다른 누군가에게 준 고통을 떠올려
참회하고 누군가에게 섭섭한 마음이 들어 편치 않을 때는 다른 이가 나에게 베풀
선행을 떠올려 마음 다스릴 수 있다면 우리 삶은 예전과 달라질 것입니다

3. 마음챙김과 집중명상을 하루 10분씩 아침 저녁 매일 하면 좌뇌가 발달 하며
번뇌로 들끓던 우뇌 활동을 마음챙김 명상을 통해 좌뇌로 이동하면 긍정적인
마음으로 변하고 면역력도 높아진다고 합니다.

우측뇌는 애매모호한 생각들을 번쩍 번쩍 스토리를 만들어 내고, 느낌을 담당
하며 그것을 좌측뇌로 넘겨주면 좌뇌는 논리 정연하게 정리정돈을 담당
합니다. 좌뇌 활동이 우세하면 낙천적이 되고 우뇌활동이 우세하면 우울증에
빠질수 있다는군요.

독 서 록

성명: 노 성복, 학교: 학년:

책이름: 운을 부르는 말 과 행동 50 페이지: 260

2021년 11월 16일 / 읽은시간: 3시간 03분 초

확	부모님
인	선생님

＊ 비슷한 것은 비슷한 것을 끌어 당긴다. 불운의 늪에서 탈출하라!

빌게이츠는 말했다. 젊어서 고생하는 것은 내 탓이 아니지만 나이들어 고생하는
것은 자신의 탓이다.

아브라함 링컨은 말했다. 사람은 40세가 되면 자기 얼굴에 책임을 져라.
관상의 바이블 〈마의 상서〉를 저술한 마의 선생도 말했다. 좋은 상은 웃는
상이고 나쁜상은 화내는 상이다.

세상에 나쁜 운을 타고 난 사람은 없다. 아무리 불우에 있는 사람이라도 자신
마음 바탕을 복원하고 성형하면 전화 위복이 된다. 이 책에는 그러한 사례들이
무수히 들어 있다. 이제 당신도 행운의 주인공이다.

＊ 2회 완독

명: 노 성복.　　학교:　　　　학년:

이름: 80에 추억 만들기　　페이지: 148

2021년 11월 24일 /　읽은시간: / 시간 46분　초

| 확 | 부모님 |
| 인 | 선생님 |

지금은 백세 시대라고 한다. 백세 시대를 살아가며 먼저 생각 나는것은 인생칠십 고래희 라는 말이 지금은 그만큼 먼 옛날이야기가 되고 말았다.

수순이라는 나이를 코앞 눈앞에 두고 지난날을 뒤돌아보면 후회스러운 일들이 기나긴 발자국으로 이어지고 있지만 운신의 폭이 좁아진 지금 그저 추억 이라는 말로 머릿속에 그려보아야만 하고 특히 근래에 들어서는 2년 가까운 세월을 코로나19가 집에 발을 묶어놓고 있어 더욱 그러 한 것 같다.

전화기에서는 하루종일 반가운 소식은 한 통화도 없고 듣고 싶지 않고 보고 싶지 않은 거리두기 등 안전문과 소식만 계속 들려오고 ....

여기가 단편적이지만 잠시 지난날의 생각을 그려 돌려보며 그동안 사란 님이 한국일우가 발행하는 소식과 월간 (산. 산. 산 나무. 나무. 나무) 외에 몇 곳에 기고 하였던 글들을 모아 정리하며 미수기념이란 이름으로 < 80세 추억 만들기 > 를 단행본으로 내기로 하였으니 관심 있는 독자 여러분의 많은 성원과 지도편달 이 있기를 바랄 뿐이다.

　　　　　　　　　　　　　　　　　　　　　　　　　- 이책 머리면서 중에서

독 서 록

NO: 218

성명: 노 성 복 학교: 학년:

책이름: 1%만 바뀌도 인생이 달라진다 페이지: 293

2021년 4월20일 / 읽은시간: 1시간25분 초

확인	부모님
	선생님 ㅠ

이 책은 아주 작은 변화 만으로도 인생을 좀더 나은 방향으로 바꿀 수 있는 방법을 알려준다. 심리학자인 저자는 먼저 삶의 성공을 위해 모든 것을 바꿀 필요는 없고 단지 1%만 바꾸면 인생이 달라진다는 것을 강조한다. 그런 다음 각 자의 삶이 미치는 영향을 기칠 수 있는 작은 습관들을 소개한다.

본문은 인생을 좀 더 긍정적인 방향으로 변화시킬 수 있는 방법을 알려준다. 심리학인 저자는 먼저 삶의 성공을 위해 모든것을 바꿀 필요는 없고 단지 1%만 바꾸면 인생이 달라진다는 것을 강조한다. 그런 다음 각자의 삶에 커다란 영향을 미칠 있는 작은 습관들을 소개한다.

본문은 인생을 좀 더 긍정적인 방향으로 변화시킬 수 있는 방법을 알려준다. 더 높은 곳을 향한 목표 설정 및 계획, 내 안의 가능성을 찾아 재능발굴 및 재능계발 잃어 버린 시간을 찾아 효과적인 시간 창출와 시간관리 내 삶의 주인이 되기 위한 자기 통제 와 자기 조절 등 6개 주제로 나누어 세부지침을 제시 한다.

여기에는 하나를 배워 열 가지를 활용한다. 단순하게 산다. 사건히 앉웃사면 진심 대처한다. 등의 조언외 목표에서 눈을 떼지 않는다. 소중한 일들 먼저한다 등 구체 실천4 항들이 적절히 조화를 이루고 있다. 특히 어떻게 하면 부정적인 사고 와 행동을 버릴 수 있는지에 집중하여 잘못된습관을 수정하기 위한 대안을 직접적 으로 설명한다.

◎ 브레인킹 전뇌학습아카데미 전화: 02)722 - 3133

216 상금 300만원

명: 노성북　　학교:　　　학년:

이름: 치매: 활면 길이 보인다　페이지: 313

2021년 12월 17일 / 읽은시간: 1시간 53분　초

치매 당신의 미래가 될수 있다. 치매환자 70만 시대!
언제 어떻게 내 삶에 찾아올지 모르는병 치매는 예방만이 답이다

우리는 살면서 수 많은 병이 걸리고 또 극복하면서 살고 있다 숨기에 태어나면
수 많은 세균과 바이러스가 공격해와도 면역체를 만들어 내어 싸 왔다. 특히 격정
되는 병이 있다면 음식이나 생활 습관 등으로 예방도 한다. 그러나 예방도 극복도 손
놓고 있는 병이 있다.

바로 치매다 많은 사람들이 늙어서 치매가 오면 어쩌나 걱정하고 두려움에 떨지만
정작 예방이나 준비를 하고 있지 않다. 정보도 많이 없을 뿐더러 맞는 정보인지 확신
하지도 않다. 사는동안 어떻게 하면 치매없이 건강한 한명생을 보낼 수 있을까.
모두의 숙제인 셈이다.

치매는 일단 시작되면 극복하기 어렵다 치매를 이기는 우리의 생활습관 이도 공든
타 임이 있다. 이미 찾아온 치매를 불들고 애원해도 치매는 쉽게 떠나려 하지 않는다
오히려 더 깊이 다가설 뿐이라. 어른들은 암보다 무서운게 치매 라고 말들 한다. 치매는
아직 원인도 제대로 밝혀지지 않았다. 약을 먹어 진행속도를 늦출수 있을뿐 치료방법
은 없다. 예방만이 답이다.

독 서 록

NO: 519

성명: 노 성복　학교:　　　학년:

책이름: 일하는 행복　　페이지: 182.

2021년 8월 12일 / 읽은시간: / 시간 27분　초

확	부모님
인	선생님

＊ 지적 장애인이 이끈 나의 인생

일본에서 사랑받는 기업, 일본이화학공업의 기적같은 이야기 (일하는 행복)
분필을 제조하는 기업인 일본이화학공업은 크지는 않지만 강력한 기업이다.
74명의 공장 직원중 지적장애인 고용률이 70퍼센트이지만 까다롭기로
유명한 일본공업규격을 거뜬히 통과했으며 일본내 시장 점유율에서 1위를
차지하고 있다. 이 책은 누구나 일을 하며 행복해하는 세상을 꿈꾼 일본 이화학
공업의 대표 오야마 야소히로의 사연을 생생하게 전해준다. 오야마 회장은
일하는 행복이 가지는 힘에 대해 이야기하며 고용으로 사람의 행복에 공헌
하는 복지주의를 실현하기 위해 노력해온 과정을 보여준다.

＊ 장애인 고용률 70퍼센트 세계 1위! . 시장점유율 1위! 업계 정상의 자리를
차지한 일본이화학공업 이야기.
사장과 직원들의 끊임없는 연구와 피눈물나는 노력으로 장애인들이 생산을
책임진다. 이 세상에 불가능한 일은 없다. 누구나 행복을 추구하며 살아간다.
행복은 오로지 일을 통해 얻을수 있다. 장애인과 비장애인이 힘을 합쳐 나아가면
이 세상은 진정한 행복의 의미로 가득 차게된다.

＊ 장애를 가진 저에게 살아가는 힘과 지혜를 준 사람들은 장애인들입니다. 희망
을 이야기해 달라고 하는 사람들에게 저는 힘을 안겨준 장애인들의 이야기를
해 줍니다. 사회적 약자로 치부되는 장애인들로부터 비장애인들이 희망을 얻는
다는 것은 아이러니라 할수 있지만 희망과 행복을 찾는 분들에게 꼭 전하
실은 책입니다. -강원래 가수

◎ 브레인이킹 전뇌학습아카데미　　전화: 02)722 - 3133

명: 노 성 복　학교:　　　학년:

이름: 트렌드 코리아 2020　페이지: 429

2021년 8월 10일 / 읽은시간: 1 시간 49분　초

확	부모님
인	선생님

싱글인간과 오팔세 레어 플레이어가 만들어 가는 2020 대한민국 다중 정체
성을 지닌 멀티 페르소나 소비자들은 스스로에게 묻는다.
나는 누구인가 나다움이란 무엇인가?

김난도 교수는 2020년의 소비트렌드의 가장 중요한 세 축으로 세분화 양면성
그리고 성장을 꼽았다. 갈수록 어려워지는 시장 상황에서 새로운 돌파구를
찾으려면 무엇보다 고객을 잘게 나누어 그 속에 숨겨진 욕망들을 발견해야 한다
매순간 다른 사람으로 변신하는 멀티 페르소나 소비자들의 선호를 따라잡기 위해 특화
는 생존의 조건으로 거듭났다. 고객과의 마지막 접점에서의 만족을 의미하는 라스트핏
이 중요해짐에 따라 구매 결정 기준이 세밀화되고 하나의 물건을 오래 소유하기
보다 다양한 경험을 그때 그때 즐기고자 하는 성향이 강조되면서 스트리밍 이
라이프스타일 전반으로 확장되고 있다. 이런 세분화가 가능해진 것은 데이터와 인공
지능 알고리즘을 기반으로 하는 초 개인화 기술이 뒷받침되었기 때문이다 나의
경험과 취향에 아낌없이 투자하는 성향은 더욱 보편화될 전망이라 시간 만에
시달리는 밀레니얼 세대의 소구에 맞춰 편리성이 프리미엄이 되는 편리엄이
새로운 이슈로 떠오르고 있다 더불어 성공보다 성장을 추구하는 어른이 자기계발형
인간 업글인간의 등장은 행복의 무게 추가 재미와 의미 사이의 균형을 향하고 있
음을 보여준다. 단순히 팬덤에 속하는 것을 넘어 능동적으로 소비하는 팬슈머와
시장변층이라는 이름으로 부상한 오팔세어 의 행보 역시 눈여겨보아 한다
마지막으로 일상의 모든 영역에서 공정성을 추구하고 기업의 선한 영향력을 구매
의 기준으로 삼는 공정 세대 레어 플레이어 들이 가져올 소비의 변화에도 주목
할 필요가 있다.

독 서 록

성명: 노성복 학교: 학년:

확	부모님
인	선생님 ㄹ๐

책이름: 게임의 법칙   페이지: 221

2021년 4월 22일 / 읽은시간: 2시간 26분 초

☀ 책 소개

법교육 학자가 말하는 시민을 위한 법 이야기 법대로 살고 싶은 사람들
상식이 통하는 사회에 살고 싶은 대한민국 99%를 위한 법 교양서이다
법치 사회는 소수 뜻 있는 법조인들의 활약만으로 완성되지 않는다 일반인
들이 최소한의 법적 소양을 갖추고 법을 시민의 편으로 만들 때 비로소 가능
하다 시민 법교육이 전 세계적으로 활발한 이유이다 공정한 게임을 원한다면
게임의 룰을 잘 알아야 한다

게임의 법칙은 우리 사회를 규정하는 틀인 법 규범을 친절히 설명한다
법의 오판 가능성 법적 절차의 필요성 법적 소외의 위험 등 법을 둘러싼
다양한 궁금증과 고민들을 해소하면서 상식적인 사회를 만드는 방법을 제시
한다 그 과정은 법이 가진 딱딱한 이미지와는 정반대로 유쾌하고 흥미
진진하다 야구의 벤치 클리어링 비디오 판독 도입논란 농구의 자살골 등
다양한 스포츠의 룰이 등장해 법과 비교되는가 하면 무령왕릉에서 발굴된
매지권 역사 속 동물 재판 사례들도 제시되며 재미를 더한다

독 서 록

NO: 204

성명: 노성복 학교: 학년:

책이름: 주역으로 조선왕조실록을 읽다 페이지: 207

2011 년 4 월 15 일 / 읽은시간: 2 시간 14 분   초

※. 조선의 모든 군왕은 주역을 통해 신하들과 소통하고 민생을 돌봤다.

조선왕조실록에는 주역과 관련된 1200여 건의 흥미진진한 에피소드가
실려 있다. 당시 조선의 글 읽는 자가 주역을 모르는 것은 실로 별 받아
마땅한 죄라고 세조시절 영의정을 지낸 정인지가 말한 기록이 세조실록
에 남아 있을 정도다.
주역의 연원와 역사적 의미 등이 자세하게 소개되어 있으며 64괘의
핵심 메시지도 조선왕조실록에 총망라되어 있다 조선시대 군왕와 신하들
국정을 토론하는 과정에서 인용한 주역의 괘사나 단사. 상사. 효사. 등만
제대로 읽어도 주역에 관한 기초적인 지식과 원리를 충분히 배울 수 있다.
조선의 군왕와 신하들 가운데는 주역의 대가들이 즐비했으며 조선왕조실록
에 기록된 그들의 주역 해석은 정치적인 사건와 정책 제도 백성들의
민원 학문적 논쟁 등와 관련되어 있기 때문에 그 어떤 주역 해설서 보다
현장감와 박진감이 넘친다.

14

독 서 록

NO: 224

성명: 노성복 학교: 학년:

책이름: 사는맛 사는멋 페이지: 341

2021년 6월 23일 / 읽은시간: 5시간 2분 초

세상과 인생을 이해하고 성실히 산 만큼 행복의 가치와 크기는 달라진다.
봄이면 씨앗 뿌려 여름이면 열매 맺고 가을이면 수확하고 겨울에는 여유
롭게 늙어가야 한다. 태어나서 공부하고 취직할 때 까지가 봄이고 결혼해서
아이낳고 가정을 이루는 시기는 여름이며, 자녀 결혼시키고 결실을 거두는 시기는
가을이다. 겨울은 육아와 노동에서 해방되어 편안한 노년을 맞이하는 시기다.
100년 전만 해도 인간의 평균수명은 50살을 넘지 않았다. 100년전 조상들은
여름이나 가을시기까지만 살았기에 겨울살이를 준비할 필요가 없었다. 혹시
겨울까지 산다 해도 자녀들이 지극 정성으로 모셨기에 크게 노년을 걱정할 필요도
없었는데 의술와 영양이 좋아진 요즘 평균수명은 80살로 늘어나 겨울을 지낼 창고
에 먹을 양식을 준비하지 못하면 큰일이다. 평균수명 50살이 었던 조선시대 가치기준
으로 21세기를 살아가는 행복하기는커녕 빈곤과 외로움 원망 속에서 늙어갈 것이다.
평균수명 100살 시대를 코앞에둔 오늘밤 더 큰 시야로 인생관·가족관·세계관을
새롭게 해야 한다. 삶을 끌고 갈 것인지 끌려갈 것인지는 나 자신에게 달렸다.
42.195킬로미터 마라톤 경기를 100미터 달리기처럼 전력질주 하다 보면 완주에
실패한다. 100살까지 행복을 누리려면 마라톤 하듯 치밀한 계획을 짜고 인생의
중요한 시기마다 잘 살아가고 있는지 확인해야 한다.

조지오웰 1984.

우리는 학창시절 사회분과를 공부하면서 유토피아라는 말을 한번쯤은 들어 봤을 것이다 유토피아란 무엇일까? 이 책에서는 이상적인 세계를 제시 좌여 앞으로 인간 사회가 이룩해야 할 이상향으로써 유토피아를 묘사하고 있다 이와는 반대되는 개념으로써 디스토피아라는 개념이 있다 이것은 단순히 생각 해보자면 인간 사회가 발전 했을때 나타날 수가 있는 문제점들을 극대화 해서 부정적인 측면을 부각시키는 개념이다. 1984라는 책을 통해서 완벽한 디스토피 의 세계를 책에 그대로 묘사를 해준다 이 책의 내용은 정부의 억압과 개인 자유 의 침해 그리고 정보 조작 등으로 사회가 개인을 어떻게 통제를 하고 유린을하고 있는 지를 보여준다 개인의 최고의 사생활이라고 할 수가 있는 결혼과 육아에 관한 문제 에도 정부가 관여하고 세뇌에 가까운 교육을 통해서 자녀들은 맹목적으로 정부에 충성을 하게된다 주인공인 윈스턴의 친구는 만취상태에서 잠꼬대를 했다가 감옥에 가기를 한다 정보부에서 일을 하던 그는 자신들의 생활과 정보가 바뀌 었음에도 무엇 하나도 알아차리지 못하고 있는 사람들에게 환멸감이란 것을 느끼게 된다 정부의 법에 따라서 혼인 전에는 섹스가 금지가 되어 있었다 그것 은 섹스는 쾌락을 위한 것이 아니라 오로지 임신을 위한 것이기 때문이라는 것 이다. 이러한 상황에서 윈스턴은 이러한 사회에 대한 일탈을 결국 결심하게 된다 그는 법으로 금지가 되어있는 밀회도 즐기게 된다 사실 주인공 윈스턴은 전에 결혼을 했었지만 정부의 사상에 세뇌된 그의 전처는 섹스가 오로지 자신의 의무 였기 때문에 한다는 사상을 가진 여성이었다. 하지만 밀회 의 대상인 여자는 전혀 그러한 사상에 물들지 않았고 쾌락 자체를 빚는 그대로를 느끼고 즐길 줄을 아는 여성이었다

독 서 록

성명: 노 성 복   학교: 학년:

책이름: 생각한다는 것   페이지: 1~3.

2021년 5월 8일 / 읽은시간: / 시간 24분 초

확인	부모님
	선생님

사람은 자연학적으로는 단, 한 번 태어나고 죽지만 인문학적으로 여러 번 태어나고 죽는다고 한다. 그러니까 이 책은 우리의 다시 태어남을 위한 고병권 선물인 셈이다. 저자 고병권이 이 책을 쓴 이유는 딱 하나 독자를 철학의 세계 꼬드기기 위해서란다. 그렇다면 이 책을 읽은 나를 꼬드기려는 성공한 것 같. 철학이란 것이 이런 거였어 재밌네 쪼금 더 맛보고 싶은데 이런 생각이 들었으니. 뭣 모르던 대학교 1학년 때 교양과목으로 논리학을 들으며 지긋지긋해 했던 생. 이 난다. 이런 책을 먼저 읽고 그 수업을 들었더라면 그렇게 힘겨워 하지 않았. 되었을까? 이제 지긋지긋 함보다 아쉬움이 더 크게 느껴지는 것은 이미 과거 이미 과거형이 되어 버렸기 때문인지도 모른다. 철학이라는 것이 무엇인지 산다는 것이 무엇인지 잘 살려면 무엇을 해야 하는지 생각이라고 다 생각인지 생각을 가진다와 생각 한다의 차이는 무엇인지 생각을 하면 나는 어떻게 되 생각과 공부는 어떤 관계가 있는지… 기타등등 얇은 책 한 권에 생각 이라는 것을 테마로 가깝고 쉽게 이야기를 들려준다. 물론 찾으려 하는만큼 찾을 수 있겠지만 아이들에 읽으라고 윽박지를 것이 아니라 일단 발전한 사람이 먼저 읽어볼 일이다. 중간에 끼어있는 몇 편의 짧은 글 (북한의 핵무기 보류 문 수유 + 너머에 대한 자랑질 등)은 도무지 왜 넣어놨는지 모르겠다. 하루키의 소설 1Q84 (문학동네)에서 종교집단 신도를 지켜보며 수유 + 너머를 떠올 는데 난데없이 (뭐 관계가 있다면 있고 없다면 없겠지만 내겐 난데 없이로 느 진다) 끼어있는 수유 + 너머 소개글을 읽으며 다시 불쾌한 기분이 들었다. 그 평범한 독자가 비범한 공룡해를 바라보는 시샘의 마음일 뿐일까? 중간에. 맨 뒤에 있는 철학자 작은 사전도 사족으로 느껴졌다. 몇 몇 철학자 프로필이 그렇게 중요한 것일까? 이러 저러한 이유로 살짝 비위가 상했음에도 다음 권을 실을 만큼 꽤 괜찮다.

독 서 록

명: 노 성복 학교:　　　학년:

이름: 버리고, 비우기　　페이지: 189

2021년 5월 20일 / 읽은시간: 2시간 17분　초

확	부모님
인	선생님 군

정리 정돈을 잘한다고 생각했는데 시간이 지나고 보니 다시 많은 것들이 쌓여 있기만
했습니다. 정리 하지 못한 내용들을 창고에 쌓아둔채 새로운 창고를 만들어 놓고는 마치
모든게 정리 된듯 착각 했습니다. 에세이 처럼 가볍게 읽으면 되는 책이였는데 읽고 나니
좀 잘해보자는 생각이 들었습니다. 일상과 습관 자기 결정과 책임 정리 정돈이라는 것은
보잘것 없어 보이는 행동속에 인간이 갖추어야할 가장 기본적인 태도가 숨어 있습니다.

공간은 넓게 삶은 가볍게, 버리고 비우는 삶의 지혜.!

소비가 미력인 시대를 살아 가면서 우리는 많아도 너무 많은 물건들 속에서
허우적거리며 그것을 유지하는데 엄청 난 시간과 에너지를 소모한다
스트레스를 유발 하는 과도 한 모임과 활동 수많은 사람들과 맺는 인간관계는
또 어떠한가? 지금 내게 이 모든것들이 없으면 큰일 날 진정으로 필요하고
소중한 것들인가?

이 책은 물건을 버리고 정리해 공간을 넓히는 차원을 넘어 자신의 삶에 스스로
질문을 던지고 답을 찾아가는 연습을 통해 불필요한 것들을 과감히 들어
내도록 도와준다 또한 유한한 삶 속에서 진정으로 소중한 것을 발견하고
더없이 단순하고 가벼운 삶을 누릴 수 있도록 용기를 북돋운다.

참 고 문 헌

국민건강보험공단(2019). 국민건강보험 보도자료.

국민건강보험공단(2014). 치매특별등급 도입을 위한 시범사업 실시.

국민건강보험공단(2013). 보도자료 '내 기억00과의 싸움 치매. 최근 6년간 65세 이상 노인환자 3배 증가.'

국민일보(2009.6.9)기사 인용. '지중해식단 가벼운 치매예방'

김상우·이채정(2014). 치매관리사업의 현황과 개선과제. 국회예산 사무처.

김설향(2005). 치매 노인을 위한 신체자극 운동프로그램 개발. 한국사회체육학회지

김은주(2010). 재가노인의 인지기능장애 영향을 미치는 요인. 동서간호학연구지. 16(2).

권중돈(2007). 노인복지론. 학지사.

노호성외(1999). 본태성 고혈압 환자의 혈압과 순환기능의 향상을 위한 적정 운동시간. 대한스포츠의학회지

백경숙·권용신(2008). 치매노인 주부양자 부양부담이 심리적 복지감에 미치는 영향. 노인복지연구. 39.

보건복지부(2012). 2012년 치매 유병률 조사. 보건복지부(2012). 제2차 국가치매관리종합계획(2013~2015).

보건복지부(2013). 2012년 치매유병율조사.

보건복지부·중앙치매센터(2016). 대한민국치매현황.

보건복지가족부(2017). 치매관리종합대책.

보건복지부·중앙치매센터·국민건강보험공단(2014). 치매전문교
    육 기본교재 1.

분당서울대병원(2014). 제3차 국가치매관리종합계획 사전기획
    연구.

세계일보(2006.12.23) 기사 인용. 노인성 치매환자 '4년새 3배'.

세계일보(2009.04.14) 사설 인용. 치매의 효율적인 예방. 관리
    시스템 구축해야

엄기욱(2013). 치매노인을 위한 노인장기요양기관 시설·인력·서
    비스기준에 관한 연구. 보건복지부. 군산대학교 산학협력단.

유애정·이호용·김경아(2015). 장기요양기관의 케어 전문성 강화
    방안 활성화 방안에 관한 연구. 국민건강보험공단 건강보험
    정책연구원.

유애정(2013). 치매의 사회복지적 접근. 2013년 한국노년학회
    추계학술 대회 자료집.

이해영(2014). 노인복지론. 창지사.

이경주·이기령·양수·전원희(2008). 치매노인의 삶의 질과 관련요
    인. 정신간호학회지. 제17권 제3호.

전도근(2018). 치매예방의 이론과 실제. 해피&북스

조맹제외(1999). DSM-III-R 주요우울증에 대한 한국어판
    Geriatric Depression Scale(GDS)의 진단적 타당성 연구.
    신경정신의학 38.

조유향(2006). 치매노인케어론. 집문당.

중앙치매센터(2014). 2014년 치매상담매뉴얼 I, II, III.

중앙치매센터(2017). 치매 오늘은.

통계청(2019). 2019년 치매유병율 조사.

통계청(2019). 장래인구추계.

저자 소개

靑松 **노 성복**

저자는 1945년에 태어나 과학기술처 산하 한국전기연구소에서 55세의 나이로 명예퇴직을 하고, 노후생활을 즐기다가 각막 손상과, 고혈압, 불면증을 얻어 한숨도 제대로 잘 수 없었으며, 인지기능 저하로 고통의 세월을 보냈다.

 그러다 지인의 소개로 김용진 박사님을 만나 2021년 1월 3일부터 초고속학습법을 통한 독서를 시작하여 책을 읽고 독후감을 쓰는 과정에서 고혈압이 정상이 되었고, 불면증이 사라지고, 인지기능이 저하가 더 이상 진행되지 않는 다는 진단을 받았다.

2021년 12월 30일까지 1,800권의 책을 읽고 1,015권의 독후감을 쓰면서 치매를 극복하고 긍정적인 마인드로 새로운 가치관을 갖게 되어 새로운 삶을 살고 있다.

 더욱이 세계전뇌학습아카데미에서 책을 많이 읽고 독후감을 썼다고 독후감대상과 상금 300만원을 받았다. 이러한 독서와 독후감쓰기를 통해 건강을 찾은 놀라운 경험을 알리고 많은 사람들에게 희망을 주고 싶어 이 책을 쓰게 되었다.

치매·중풍·고혈압·불면증·심근경색 약 21가지를 끊었다

상금 300만원

초판 1쇄 인쇄 - 2022. 5. 27.

초판 1쇄 발행 - 2022. 6. 3.

지은이 - 노 성 복

펴낸이 - 김 용 진

펴낸곳 - 새로운문화사

서울특별시 송파구 백제고분로 264 호수빌딩 6층

전화 02-722-4711 / 팩스 02-722-4709

e-mail : junoe21@naver.com

홈페이지: www.allbrain.co.kr

등록 - 1977년 7월 23일 제300-1977-13호

ISBN 978-89-7038-0009-4

값 15,000 원